SAINTE GENEVIÈVE

PATRONNE
DE PARIS ET DE LA FRANCE

PAR ...

Maison Saint-Augustin

DESCLÉE DE BROUWER ET Cie

LILLE

SAINTE GENEVIÈVE.

Santa Genovefa Ora Pro Nobis

SAINTE GENEVIÈVE,

PATRONNE
DE PARIS ET DE LA FRANCE.

PAR F. J. L.

Société Saint-Augustin,

DESCLÉE, DE BROUWER ET Cie.

LILLE.

Auteurs consultés ou cités :

GRÉGOIRE DE TOURS, *Chronique.*
AMMIEN-MARCELLIN.
SIDOINE APOLLINAIRE.
L'Office de sainte Geneviève.
GODESCARD.
RORHBACHER.
P. DE GIRY.
DURUY.
MARCHANGY.
FERNANDEZ, *Histoire des Goths.*

Chapitre I.

E christianisme, introduit dans la Provence (*Provincia Romana*) par saint Lazare, premier évêque de Marseille, ses sœurs Marthe et Marie, saint Maximin, premier évêque d'Aix, et saint Trophime d'Arles envoyé par saint Pierre lui-même, y étendit rapidement ses conquêtes. D'après saint Épiphane et d'autres vieux auteurs, saint Luc, l'apôtre saint Philippe et saint Crescent, disciple de saint Paul, ont eux aussi évangélisé les Gaules. Vers la fin du premier siècle, le pape saint Clément, poursuivant l'œuvre commencée par saint Pierre, y envoya une colonie de missionnaires sous la conduite de Denis l'Aréopagite qui s'avança jusqu'a Paris (*Lutetiæ Parisiorum*), où il établit sa résidence. C'est à ses prédications et à celles de ses disciples que les Églises de

Chartres, Meaux, Provins durent leur fondation.

Saint Denis et deux de ses compagnons, les diacres Rustique et Éleuthère, furent mis à mort par les païens exaspérés, qui voyaient chaque jour se produire dans leurs rangs de nouvelles défections. Les trois martyrs furent décapités sur une colline située au nord de la ville, et consacrée au dieu *Mars* (*Mons Martis*). Plus tard, par une légère altération de nom, elle devint Montmartre (*Mons martyrum*), Mont des martyrs.

Dans le cours du second siècle, la grande Église de Lyon était fondée par saint Irénée. Vers le milieu du troisième siècle, le pape saint Fabien destina à ces contrées de nouveaux apôtres, saint Saturnin qui se fixa à Toulouse, tandis que saint Martial s'arrêtait à Limoges, que saint Gatien poussait jusqu'à Tours, et d'autres au-delà.

***

Au commencement du cinquième siècle une grande partie des Gaules, et notamment

Paris et ses environs, voyaient leur population inégalement partagée entre familles chrétiennes et familles païennes ; ces dernières étaient les moins nombreuses. Elles semblaient ne persister dans les pratiques de l'idolâtrie que pour rehausser l'éclatante lumière de l'Évangile, et pour accuser l'admirable vitalité de l'Église qui, à peine délivrée de ses langes ensanglantés, entrait en lutte contre des ennemis d'autant plus dangereux qu'ils sortaient de son propre sein. Les Manès, les Eutychès, les Arius, les Nestorius et les Pélage faisaient dans le troupeau de Jésus-Christ plus de ravages que n'en avaient fait les Tibère, les Néron, les Domitien et tous les autres tyrans. Ceux-ci entassaient des victimes sanglantes, ceux-là perdaient les âmes. Or, si l'Église ne résistait pas à ceux qui ne tuaient que le corps, elle déployait une énergie surnaturelle contre les hérésiarques, qui tuaient les âmes. L'Empire était sillonné par des missionnaires apostoliques, saints et doctes personnages se portant partout où les assauts de l'erreur avaient fait des brèches qu'il s'agissait de réparer. C'est ainsi que dans les premières années du cinquième siècle, Pélasge, moine breton, ayant nié le dogme du péché originel, entraînait dans une erreur aux funestes conséquences un nombre considérable d'adeptes. Sa doctrine, propagée par des disciples ardents, avait fait de tels progrès, que les catholiques de la Grande-Bretagne (Angleterre), justement alarmés, prièrent le pape d'envoyer au secours de la foi menacée des missionnaires capables de combattre les fausses doctrines et de confondre l'audace des sectaires. Ils adressèrent la même supplique aux évêques des Gaules. Le pape Célestin et les évêques accueillirent favorablement la demande des catholiques d'outre-mer.

* *

En l'an 438, la population du bourg de *Nemetodurum*, aujourd'hui Nanterre, se portait vers la route qui, traversant la petite

ville dans toute sa longueur, aboutissait à
Paris. On connaît la situation de Nanterre,
non loin de la Seine, au milieu d'une vaste
plaine que domine, au sud-ouest, le Mont
Valérien. Ce jour-là, le va-et-vient des
barques sillonnant le fleuve semblait s'être
arrêté. Les bateliers avaient amarré leurs
esquifs et s'étaient joints à la foule qui, agi-
tée et frémissante, semblait attendre l'arrivée de quelques personnages de marque, et
recueillait avec une avidité anxieuse les rapports d'émissaires arrivant successivement
des routes du sud-est. Tous les regards
exploraient la plaine dans cette direction.
Les noms de *Germanus* et de *Lupus* circu-
laient de bouche en bouche. Enfin, un
mouvement se fit, entraînant tout ce peuple
au-devant d'un groupe de voyageurs, en tête
duquel marchaient lentement deux prélats
à l'aspect vénérable, sur le passage desquels
chacun se prosternait. On eût pu croire que
leurs mitres de laine blanche et les insignes
de la dignité épiscopale dont ils étaient re-
vêtus motivaient seuls les marques de res-

pect dont on les entourait, si d'autres sentiments ne se fussent fait jour dans les rangs des fidèles. Une ardente curiosité, l'admiration, l'enthousiasme à peine contenu, se peignait sur tous ces visages, les uns mouillés de larmes d'attendrissement, les autres contemplant avec extase les traits austères des deux évêques dont les mains ne cessaient de bénir par le signe de la croix tous les fronts courbés à leurs pieds. C'est que les noms de Germanus et de Lupus signifiaient sainteté suréminente, vertus héroïques et science sublime. Ces deux évêques, dont la réputation s'étendait fort au-delà des limites de la Gaule réunissaient en eux le double prestige de la valeur personnelle et de la mission que leur avait confiée l'Église. Germain, évêque d'Auxerre, se rendait en Grande-Bretagne, envoyé par le pape, avec le titre de vicaire apostolique pour y combattre le pélagianisme. Loup, évêque de Troyes, lui avait été adjoint, comme député de tout l'épiscopat des Gaules. Les peuples, en leur témoignant une vénération reli-

gieuse, semblaient leur offrir les prémices
du culte que l'Église devait bientôt consacrer en inscrivant les deux évêques au catalogue des saints. Ainsi s'expliquait l'atti-
tude des païens eux-mêmes qui, de loin et
comme aux derniers plans de cette scène
grandiose, s'inclinaient à l'aspect des augus-
tes envoyés.

***

Avant de relater l'incident qui signala
surtout cette scène si touchante dans sa
religieuse simplicité, et qui en grava le souvenir pour jamais dans la mémoire populaire, disons en quelques mots ce qu'en
avaient été les deux principaux personnages.

Germain était né à Auxerre, de parents
distingués par leur noblesse, vers l'an 360. Il
reçut une instruction solide et fort étendue.
Ses goûts le portaient au barreau. Il étudia
donc à Rome l'éloquence et le droit civil,
et plaida avec succès devant le préfet du
Prétoire. Il épousa, fort jeune encore, une
jeune fille de grande naissance, nommée

Eustochia, et ne tarda pas à être distingué par l'empereur Honorius qui lui confia des emplois honorables, et le nomma enfin *duc* ou général de la province d'Auxerre.

Eustochia étant morte, le jeune duc, chrétien par le baptême, ne donna dans son pays natal que l'exemple de vertus purement humaines. Rien en lui ne décelait cette vie intérieure qui prend sa source dans les conseils évangéliques, et qui se manifeste par l'esprit de prière, d'humilité, de charité toujours active et de mortification. Il était exempt de vices grossiers ; mais s'adonnait aux plaisirs d'une vie de luxe et de loisirs, interrompus seulement par les fatigues de la chasse, qu'il aimait avec passion. Quelques-uns de ses actes affligeaient même son saint évêque *Amator*, dont il dédaignait les remontrances.

Ainsi, quand il abattait quelque gros gibier, il en rapportait la tête et allait la suspendre aux branches d'un arbre situé au centre d'une place au milieu de la ville. Il n'attachait sans doute à cette pratique aucun sens superstitieux. La vanité seule le poussait à enrichir cette sorte de trophée. Mais comme les païens faisaient en l'honneur d'un de leurs dieux quelque chose de semblable, le duc scandalisait fort les chrétiens, et donnait lieu à des suspicions sur la sincérité de sa foi. Tel était le sujet des reproches et des charitables avis de l'évêque. Voyant que le duc s'obstinait dans cette condamnable pratique, saint Amator fit couper l'arbre en l'absence de Germain. Instruit de ce fait, le duc entra en fureur et jura qu'il se vengerait. Obéissant à une inspiration surnaturelle, le saint évêque, connaissant sa mort prochaine, et averti d'en haut qu'il aurait pour successeur Germain lui-même, se rendit à *Autun*, où résidait *Jules*, alors préfet des Gaules, et lui demanda l'autorisation de mettre le duc au nombre des clercs. Aucun officier ne pouvait sans la permission du préfet, résigner ou quitter ses fonctions pour changer d'état. Jules accorda à ce saint évêque ce qu'il demandait ; et celui-ci revint aussitôt à Auxerre, où il

réunit son clergé et les principaux fidèles.
Il leur fit connaître les desseins de Dieu et
se rendit, avec une suite nombreuse, à l'é-
glise où il devait célébrer l'office. Germain
y vint aussi. A peine y fut-il entré que, sur
un signe de l'évêque, les portes furent fer-
mées. On s'empara du duc et on l'amena
devant le prélat, qui lui conféra la tonsure et
le revêtit de l'habit ecclésiastique. Germain,
frappé de stupeur, et craignant de résister
à la volonté divine, n'opposa aucune résistance, car l'évêque lui avait annoncé d'une
voix ferme que lui, Amator, ne tarderait
pas à mourir et que Dieu voulait que le duc
Germain occupât après lui le siège épiscopal d'Auxerre.

Saint Amator mourut en effet quelque
temps après (1er mai 418). Les vœux du
clergé et du peuple se portèrent sur Germain,
qui fut sacré le 7 juillet suivant. Dès lors, le
changement de vie de celui-ci, déjà complet
depuis qu'il avait reçu la tonsure cléricale,
fut marqué par la pratique des vertus
héroïques. Il se dépouilla de tout ce qu'il

possédait, en faveur des pauvres et de l'é-
glise et vécut dans la pratique de la plus
étroite pauvreté, de toutes sortes de mortifications, de l'étude des sciences sacrées et
de toutes les œuvres de la plus ardente charité. Durant les trente années de son épiscopat, il se contenta d'orge bouillie, dont il
prenait une faible quantité le soir, après le
coucher du soleil. Encore, avait-il coutume,
avant de prendre cette maigre réfection, de
mettre de la cendre dans sa bouche. Son
vêtement était le même en hiver qu'en été,
et il ne le quittait que lorsqu'il s'en allait en
lambeaux. Les plus misérables n'avaient
rien à envier à leur évêque, excepté ses
vertus. Sa charité, qui s'exerçait au dehors
et au loin sous toutes les formes, ne se ré-
servait que les ressources nécessaires pour
exercer l'hospitalité. Sa demeure était toujours ouverte aux pauvres et errants, fort
nombreux à ces époques malheureuses. Il
leur lavait les pieds, couvrait leur quasi
nudité, et les servait lui-même à table.

***

L'évêque de Troyes était bien digne de figurer à côté du saint évêque d'Auxerre. Lupus, aujourd'hui saint Loup, était issu d'une illustre famille établie à *Tulli-Leucorum* (Toul). Après d'excellentes études, il avait acquis dans le barreau une grande réputation, et avait épousé *Pimeniola*, sœur de saint Hilaire d'Arles. Après six ans de mariage, les deux époux, cédant d'un commun accord à l'attrait qui les portait à un genre de vie plus parfait, résolurent de se séparer. *Lupus* se rendit à l'abbaye de Lérins, gouvernée alors par saint Honorat. Il passa dans cette retraite une année entière, édifiant ses frères par sa régularité tout exemplaire et par l'esprit de mortification et d'oraison dont il se montrait animé. Saint Honorat, élevé au siège d'Arles, allait quitter l'abbaye. Lupus se rendit alors à Mâcon, où il possédait de grands biens, dans la pensée de les vendre ; car il s'était résolu à ne rien conserver en propre, et à distribuer tout l'argent qui lui reviendrait aux pauvres et à l'église. Tout étant réglé,

les biens réalisés, l'argent distribué, Lupus
se disposait à retourner à Lérins pour y
vivre dans la pénitence et dans une parfaite
pauvreté, lorsque les députés de l'église de
Troyes vinrent le demander comme successeur de saint Ours, leur évêque, récemment décédé (426). Lupus fit de vains efforts
pour décliner cette charge que son humilité
envisageait avec effroi. Il fut sacré par les
évêques de la province de Sens. Sa nouvelle
dignité ne modifia pas ses résolutions. Il
pratiqua, sur le siège épiscopal, les vertus
qu'il voulait ensevelir dans l'ombre du
cloître. Humble, austère, épris de la pauvreté, il couchait sur des planches, vivait
comme saint Germain, de quelques poi-
gnées d'orge bouillie, consacrant ses jours
aux œuvres de la charité la plus parfaite,
la plus grande partie de ses nuits à l'étude
et à l'oraison. Son humilité était telle qu'il
s'attribuait tous les maux qui affligeaient
son peuple, s'accusant d'être au milieu de
son troupeau, non un pasteur, mais plutôt
un loup, cause des ravages qui le dévastaient.

Tels étaient les saints et doctes personnages qui traversaient le bourg de Nanterre, et dont la foule recueillait les béné-
dictions.

***

Saint Germain s'était arrêté un instant,
pressé par la foule des mères qui lui pré-
sentaient leurs enfants. Tout à coup son
regard parut discerner dans cette multitude
une petite fille donnant la main à ses parents;
et, mu par une inspiration céleste, il demanda que l'enfant lui fût amenée. Plusieurs
autour de lui, s'étonnant de son insistance,
il dit devant tous que Dieu avait choisi
cette enfant pour son épouse, ajoutant qu'à
sa naissance, les anges avaient entonné
dans le ciel des cantiques d'allégresse. Il
félicita les parents de la petite fille, qui se
nommaient Sévère et Gérontia, d'avoir
donné le jour à une telle enfant, qui, par
l'exemple de ses vertus, devait détourner
beaucoup de pécheurs de leur vie désor-
donnée. Le saint évêque, s'adressant à la
jeune fille, lui parla du bonheur de se con-

sacrer à Dieu, et lui demanda si elle con-
sentirait à appartenir entièrement à ce
céleste époux. — C'est ce que j'ai toujours
désiré, répondit l'enfant. — Prends courage,
ma fille, poursuivit l'évêque inspiré : agis

Naissance de sainte Geneviève,
d'après les vitraux de la sacristie de N.-D. de Paris.

avec énergie, et efforce-toi de prouver par
tes œuvres ce que tu crois de cœur et ce
que tu professes de bouche.

L'enfant que l'Esprit-Saint avait, par un

Pontife inspiré, désignée au respect et à l'attention de tous, c'était Geneviève, l'humble bergère de Nanterre, celle-là même que l'Église devait placer sur ses autels, et donner pour patronne au peuple de Paris.

Après avoir encouragé Geneviève à mener la vie qui convenait à une épouse de Jésus-Christ, saint Germain la conduisit à l'église et, après quelques solennelles prières, reçut sa promesse de consécration à Dieu. Le lendemain, il voulut que Geneviève lui fût encore présentée. « Rappelle-toi, ma fille, la promesse que tu as faite hier de consacrer à Dieu ton corps exempt de toute souillure. » — L'évêque vit alors à ses pieds une pièce de monnaie en bronze, sur une face de laquelle était gravée une croix, et qui se trouvait là par un dessein providentiel. Il la ramassa et la donna à Geneviève en lui recommandant de la porter toujours suspendue à son cou en mémoire de lui, et de ne souffrir jamais ni à son cou, ni à ses doigts aucun ornement d'un métal précieux ou enrichi de perles

ou de pierreries ; car si elle aimait la moindre parure du siècle, elle se verrait privée
des ornements célestes et éternels.

Geneviève avait sept ans lors de cette
double entrevue qui semblait lui ouvrir,
comme par un appel céleste, la carrière de
la sainteté. Quelque merveilleux que soit
le caractère de cette précoce vocation, elle
n'est pas moins un fait historique, consacré
par les témoignages constants des contem-
porains, et perpétués jusqu'à notre époque,
par une suite ininterrompue de documents
artistiques à partir de l'époque même où
l'on rendit à la mémoire de la sainte les
premiers honneurs.

Chapitre II.

« L'ENFANT croissait en science et en sagesse devant Dieu et devant les hommes... Il demeurait avec ses parents, et il leur était soumis. » C'est là tout ce qu'il a plu à l'Esprit-Saint de nous révéler de la sainte enfance du Sauveur. S'il dissipe un instant cette mystérieuse obscurité, c'est pour nous montrer l'enfant Jésus dans le temple, au milieu des docteurs qui l'interrogent, et qui sont éblouis et charmés de la sagesse de ses réponses.

Une seule réponse de Jésus enfant nous a été transmise ; et elle ne s'adressait pas aux docteurs, mais à ses parents qui lui reprochaient de les avoir quittés au milieu d'une grande foule, et de les avoir ainsi laissés, durant trois jours, dans une pénible inquiétude. « Ne saviez-vous pas, dit-il, que je dois m'occuper des œuvres de mon Père?» Réponse bien faite pour exciter l'étonnement, partant de la bouche d'un tel fils et s'adressant au cœur d'une telle mère ; mais dans laquelle on découvre un enseignement qui doit, comme toute parole du Verbe fait chair, porter jusqu'à la fin des siècles une grave leçon aux parents chrétiens. Elle leur rappelle en effet que leurs enfants appartiennent à Dieu ; qu'ils n'en ont pour ainsi dire que l'usufruit ; et que, s'il plaît à Dieu de se réserver quelque prémice parmi ces enfants, les parents chrétiens doivent se bien garder d'obéir aux mouvements d'une égoïste tendresse en disputant au Seigneur le tribut qu'il veut prélever, ce tribut fût-il un enfant unique. La très sainte Mère du Sauveur pénétra certainement, sous l'apparente rigueur de cette réponse de l'Enfant-Dieu, le sens de ses paroles, et son cœur en fut non affligé, mais ravi et consolé. On reconnaît ainsi qu'une telle réponse, dans la bouche d'un tel fils, était digne d'une telle mère.

*
* *

Dieu a permis que l'enfance et la première jeunesse de sa fidèle servante Geneviève

offrissent quelques traits généraux de res-
semblance avec le divin Modèle qu'elle eut
jusqu'à sa mort devant les yeux. Une
grande obscurité enveloppe ses premiers
pas dans la carrière de la sainteté.

Un instant, un rayon de l'Esprit-Saint
nous révèle, par la bouche d'un saint Pontife, les desseins de Dieu sur cette âme
virginale, et de nouveau, elle disparaît pour
l'histoire, jusqu'à ce que la Providence la
produise aux yeux de tous, dans des circonstances telles que, par ses exemples, par sa
parole, par la puissance de sa prière, elle
semble présider au berceau de notre
France, dont l'esprit le plus clairvoyant
pouvait à peine à cette époque percevoir
quelques éléments sans apparence de cohé-
sion.

L'histoire, d'ailleurs, en nous transmet-
tant les principaux actes de la vie publique
de notre sainte, nous dit assez quels furent
les mérites sublimes de sa vie cachée en
Dieu.

Le premier de ces actes ne fut-il pas la

promesse qu'elle fit dans l'église de Nanterre, aux pieds de saint Germain, de se
consacrer particulièrement à Dieu ? Née de
parents chrétiens, de quelles grâces n'avait-
elle pas été prévenue dès le baptême pour
que les enseignements et les exemples de ses
pieux parents aient porté de tels fruits dans
un âge si tendre ? Et quelle devait être sa
fidélité aux inspirations de la grâce pour que
le saint Pontife ait pu hautement annoncer
à tout un peuple, les destinées spirituelles de
cette enfant qu'il avait discernée au milieu
d'une foule d'autres petites filles de même
âge, de même condition, et sans doute de
mœurs pieuses ?

*
* *

Dans quelles occupations se passa la
première jeunesse de notre sainte ? Quelques auteurs affirment que ses parents
avaient des biens assez considérables, qu'elle
reçut plus tard en héritage, et qu'elle fut,
dès le berceau, entourée d'une certaine opu-
lence. D'autres assurent qu'elle fut une

humble villageoise, et que sa condition fut celle d'une simple bergère. Cette dernière assertion ne contredit pas l'opinion en apparence contraire. Dans ces temps reculés, il n'était pas rare de voir des jeunes filles d'un rang distingué conduire elles-mêmes au pâturage les troupeaux de leur père, et s'occuper, tout en les gardant, de quelque ouvrage habituel à leur sexe.

Les images qui représentent sainte Geneviève sous les traits et le costume d'une bergère filant sa quenouille reproduisent donc exactement les données de la tradition populaire. Plus exactes encore sont celles qui nous montrent la jeune sainte suspendant son travail pour se mettre en prière ou pour méditer les pages d'un livre de piété ouvert entre ses mains.

La prière! c'était dès lors l'arme toute-puissante de Geneviève, arme qui devait si souvent détourner les traits de la colère divine, apaisée par les ardentes supplications de la fidèle fiancée du Christ.

*
* *

Quelque muette que soit l'histoire sur cette phase obscure de la vie de notre sainte, elle nous a cependant transmis un fait relaté par les hagiographes et consacré sous toutes les formes par les constantes traditions de l'Art chrétien et national. Nous nous plaisons à le relater ici, parce qu'il nous montre combien puissante était déjà l'intercession de Geneviève auprès de Dieu, qui se plaisait à manifester par des prodiges sa prédilection pour son humble servante.

Un jour de fête solennelle, Gérontia se rendant à l'église commanda à sa fille de rester à la maison. Geneviève se montra fort affligée, et pria sa mère de ne pas la priver en un tel jour d'entendre la parole sainte et d'assister au saint sacrifice. Celle-ci persistant dans son refus, la jeune fille, les larmes aux yeux, fit de plus vives instances. Gérontia imitait en cela un trop grand nombre de ménagères, fort chrétiennes dans la conduite générale de leur vie, qui n'hésitent pas à faire passer avant l'audition de la messe les soins de leur intérieur, et qui privent sans scrupule leurs domestiques, leurs enfants même, de la liberté nécessaire à l'accomplissement des plus saints devoirs, comme si la loi de Dieu souffrait plus de relâchement que les plus vulgaires habitudes de la vie terrestre. Irritée peut-être des reproches intérieurs que lui faisait sa propre conscience, et mécontente d'elle-même, elle supporta impatiemment les supplications de Geneviève, et se laissa emporter à lui donner un soufflet. Sur-le-champ, Gérontia devint aveugle. Elle demeura dans cet état pendant deux ans. Un jour enfin, considérant son malheur comme un châtiment mérité, se souvenant des paroles de saint Germain, et poussée par un mouvement extraordinaire de foi, elle dit à Geneviève : « Ma fille, va puiser de l'eau au puits voisin, et viens me l'apporter, après avoir fait dessus le signe de la croix, j'ai grande confiance qu'en l'appliquant sur mes yeux, je recouvrerai la vue. » Geneviève, qui ne cessait de demander à Dieu avec larmes la guérison de sa mère, fit simplement ce que celle-ci demandait, réitérant avec ardeur l'élan de sa prière. Gérontia s'étant lavé les yeux deux ou trois fois avec un linge trempé dans cette eau, se trouva tout à coup délivrée de la cécité. Son emportement avait été subitement puni. Son acte de foi et d'humilité fut instantanément récompensé. Dieu comblait en même temps d'une joie sainte sa fidèle servante, instrument de sa miséricorde et de sa toute-puissance.

* *

Geneviève avait quinze ans; elle avait depuis quelques années perdu son père; et bien qu'elle fût résolue à persévérer auprès de sa mère dans tous les soins de la piété filiale, elle n'avait pas oublié la promesse qu'elle avait faite, à l'âge de sept ans, de se consacrer particulièrement à JÉSUS-CHRIST par un vœu spécial de perpétuelle virginité. Pressée d'obéir aux inspirations de la grâce qui la pressait intérieurement d'effectuer cet acte solennel, elle pria sa mère de lui permettre d'aller à Chartres, afin de prononcer son vœu et de recevoir le voile des vierges des mains de l'évêque Julicus. Gérontia savait ce qu'il en pouvait coûter de disputer à Dieu son enfant, et accorda la permission demandée. Geneviève se rendit donc à Chartres, accompagnée de deux autres jeunes filles qui s'y rendirent dans le même dessein. Toutes trois se présentèrent à l'évêque, Geneviève à la suite de ses deux compagnes. « Que celle qui est la dernière, dit Julicus en les apercevant, se présente la première. » Soit que l'évêque obéît à une inspiration surnaturelle, soit qu'il eût été instruit par son saint collègue d'Auxerre des vertus éminentes de Geneviève et des grands desseins de Dieu sur elle, ce fut à elle qu'il imposa d'abord le voile des vierges, après avoir reçu ses vœux. La jeune sainte revint à Nanterre auprès de sa mère. Celle-ci mourut peu de temps après, et Geneviève quitta Nanterre pour se retirer à Paris auprès de sa marraine, qui y possédait une habitation.

Quelques auteurs disent que c'est après son

vœu de virginité perpétuelle que Geneviève perdit successivement son père et sa mère. Quelque affligeante qu'ait été cette double épreuve, elle ne se laissa point aller à cette douleur tout humaine qui accable l'âme en de telles circonstances, au point d'abattre ses énergies et de la plonger dans une sorte d'engourdissement : elle savait qu'un jour, Dieu essuyera toute larme des yeux de ses élus, et elle avait en vue cette parole de Jésus à Marthe et à Marie après la mort de leur frère Lazare : « Celui qui croit en moi, quand même il serait mort, vivra. » Elle se confiait en la miséricorde divine, qu'elle implorait chaque jour pour ses chers défunts, morts dans la foi chrétienne, munis des secours de la sainte Église. Dégagée de tout lien terrestre, elle ne marcha qu'avec plus d'ardeur dans la voie de la plus haute perfection.

La perfection, dit saint Alphonse de Liguori, ne consiste ni dans les jeûnes, ni dans la multiplicité des œuvres pieuses, mais seulement dans l'amour de JÉSUS-CHRIST.

Quand j'aurais, avait dit saint Paul, le don des miracles, le don de prophétie, le don des langues, si je n'ai pas la *charité*, je ne suis rien qu'un airain sonnant, une cymbale retentissante.

Sainte Geneviève distribue du pain aux pauvres, d'après les vitraux de la sacristie de N.-D. de Paris.

Or, l'amour de JÉSUS-CHRIST se manifeste, pour tout chrétien, par l'accomplissement des préceptes évangéliques ; le même amour, pour ceux qui aspirent à la perfection, les astreint à la pratique des *conseils* évangéliques, suivant la parole même du divin Maître : « Si vous voulez être parfait, vendez tout ce que vous avez, distribuez votre argent aux pauvres et suivez-moi. » Geneviève qui avait répondu à cet appel, qui s'était liée étroitement au céleste époux des âmes virginales, ne reculait devant aucune des œuvres que lui suggérait l'amour dont elle était embrasée, agissant en tout en vue de plaire à son divin modèle.

Elle ne se délassait des œuvres de miséricorde que pour se plonger dans les délices de l'oraison ou pour vaquer à la prière. C'est ainsi que grandissait sa réputation de sainteté, protégée contre l'estime d'elle-même par une humilité profonde, qui la tenait dans une naïve et sainte ignorance de ses propres mérites. Mais l'homme, après le péché originel, a vu sa nature si profondément altérée et viciée qu'il s'est trouvé incapable par lui-même de suivre la voie droite tracée par son créateur à son innocence. De telle sorte que saint Paul a pu dire que l'homme-

animal ne perçoit même plus ce qui est de
Dieu ; que nous ne sommes rien, que nous
n'avons rien, que nous ne pouvons rien ; que
c'est Dieu qui nous donne de vouloir, de
pouvoir et d'arriver à la perfection. D'où il
suit que de nous-mêmes, nous ne devons pas
nous porter à choisir quelque état plus parfait que celui dans lequel le baptême a placé
tout chrétien, sans encourir le reproche de
témérité et de présomption. Nous pouvons
seulement être attentifs à obéir, en dehors
de tout motif humain, aux mouvements de
la grâce et correspondre à ses secrètes inspirations. Hors de là, il ne nous est pas
loisible de nous porter de nous-mêmes soit
aux fonctions ecclésiastiques, soit à l'état
religieux, ou à quelque entreprise qui comporte pour son exécution, des grâces ou
des secours extraordinaires. Il ne nous est pas
plus loisible de regimber contre l'aiguillon
de la grâce lorsqu'elle nous presse et nous
stimule. C'est cet aiguillon, ce sont ces impressions et ces incitations intérieures qui,
soumis aux jugements de nos guides ou de

nos maîtres spirituels, constituent ce qu'on appelle une vocation.

Nous voyons en notre sainte un exemple parfait d'une véritable vocation. En couronnant sa fidélité et ses vertus, et il en est de même pour tous les saints, Dieu n'a donc fait que couronner ses propres dons humblement reçus.

Ne nous affligeons pas si Dieu ne nous a pas départi ces dons spirituels dans une aussi large mesure. Contentons-nous de faire fructifier avec soin et avec zèle ce que nous avons reçu. C'est Dieu qui a fait les cèdres, et aussi les brins d'herbe et de mousse qui croissent et prospèrent à l'ombre de ces géants végétaux. Notre perfection, à nous chétifs, sera de rester verdoyants sous les hautes ramures, que nous admirerons sans nous dépiter de nôtre apparente petitesse. Si nous vivons avec nos petites vertus, dans la volonté de Dieu, nous serons à ses yeux aussi parfaits qu'il l'aura voulu de nous. En étudiant les exemples de la plus sublime sainteté, gardons-nous d'une émulation qui pourrait avoir ses racines dans l'orgueil humain, et rappelons-nous cette parole du divin Maître : « Votre œil sera-t-il mauvais (jaloux), parce que je suis bon ? »

Faire en toutes choses la volonté de Dieu telle que nous la pourrons comprendre ou connaître, c'est aimer Dieu dans toute la mesure de nos forces. Or avons-nous dit avec saint Liguori : « Dans l'amour de Jésus-Christ est toute la perfection, et à cette perfection doit tendre tout chrétien, quel que soit l'état où l'ait placé et où le maintienne la Providence. »

Chapitre III.

QUICONQUE marche résolument sur les traces de JÉSUS-CHRIST doit préparer son âme à la tribulation, aux contradictions des langues et à toutes sortes d'épreuves. Les mortifications que nous exerçons par notre libre choix, si rigoureuses qu'on les suppose, ne nous sont pas aussi pénibles que celles qui, par la permission ou par la volonté divine, nous viennent du dehors, soit par le prochain, soit par le choc d'événements fâcheux et inattendus. Nous savourons d'une façon plus sensible l'amertume des croix qui nous sont ainsi imposées. L'épreuve est particulièrement douloureuse, lorsqu'elle nous arrive par un effet de l'erreur ou de la pusillanimité des gens de bien.

Geneviève devait être éprouvée dans son corps et dans son âme. Ce fut d'abord une longue et cruelle maladie qui abattit ses forces et la réduisit à un état d'anéantissement où elle faillit rester. Puis, à peine rendue à la santé, elle se vit en butte aux traits de la calomnie. Dieu, comme pour récompenser sa patience et sa résignation, lui avait prodigué, dans le cours de sa maladie, toutes sortes de dons surnaturels. Son âme semblait comme affranchie des entraves matérielles. Elle voyait clairement les pensées secrètes des personnes qui venaient la visiter. Elle connaissait leur passé et leurs dispositions les plus intimes ; et dans quelques circonstances, sa charité la portait à user de ce don surnaturel pour éclairer, avertir ou ramener le prochain dans la voie de la vertu. On rapporte qu'une certaine dame qui vivait à Bourges, qui avait fait vœu de virginité, et que sa condition attestée par le voile spécial qu'elle ne quittait jamais, tenait en grande considération, vint à Paris, et voulut se présenter à Geneviève, dont on exaltait dans tout le peuple, la vie sainte et les œuvres charitables. Elle fit connaître sa condition, et comme elle s'applaudissait d'avoir fait un vœu solennel qui la consacrait à Dieu, Geneviève lui fit doucement reproche d'avoir manqué à ce vœu, et elle lui dit le jour précis et les circonstances dans lesquelles elle avait eu le malheur de commettre la faute. Saisie de confusion, la dame, éclairée enfin sur le malheureux état de son âme, versa des larmes et ne quitta Geneviève qu'après lui avoir promis de faire une rigoureuse pénitence ; et elle tint fidèlement sa promesse.

Le respect et l'admiration de tous formaient comme un concert de louanges autour de l'humble épouse de JÉSUS-CHRIST ; par un de ces revirements inexplicables de l'opinion populaire dont nous voyons si souvent de singuliers exemples, les dispositions bienveillantes firent place à un déchaînement de médisances et de calomnies contre la sainte. La malignité et l'envie se donnèrent libre carrière. Ce fut une furieuse tempête, et enfin un déchaînement de mépris et de haine sous lequel Geneviève paraissait submergée. Son cœur dut être d'autant plus cruellement mortifié que des personnes de grande piété, des ecclésias-

tiques même s'associaient à la réprobation
qui pesait sur elle. Sa piété était de l'hypo-
crisie, ses oraisons des visions d'hallucinée,
ses œuvres charitables une insupportable
vanité et une audacieuse recherche de popu-
larité bruyante. Ses fréquentes retraites un
moyen de se dédommager d'austérités
hypocrites par de longues heures d'une vie
de mollesse, dans le secret d'un logis
somptueux, où était ,accumulés tous les
objets de luxe propres à satisfaire la sensualité.

La persécution, d'abord bruyante et
acharnée, avait fini par se calmer sous
ses propres excès. Les violences de la
première heure faisaient place au mépris
persistant et systématique. La haine trouvait sa dernière expression dans un silence
qui n'était rien moins que celui de la
charité.

Geneviève supporta ces orages, les yeux
fixés sur la croix où son divin Maître voulut
pendant trois heures endurer les sarcasmes
et les imprécations, l'amertume du fiel et

l'acidité du vinaigre. Elle se réfugiait dans la prière et ne retranchait de ses bonnes œuvres extérieures que ce que la prudence, — non la prudence humaine, mais celle qu'inspire le Saint-Esprit, — lui conseillait de supprimer. Elle accueillait avec une sainte joie ces humiliations, ces mépris, ces marques publiques d'aversion et de haine, comme autant de joyaux précieux libéralement départis par le Sauveur à son humble épouse ; et ce trésor ne s'enrichissait jamais assez pour l'avidité de son âme éprise de la croix ; son allégresse n'était troublée que par la pensée des offenses faites à Dieu dans ces fâcheuses manifestations. Elle le conjurait avec larmes de répandre ses miséricordes sur tous ceux qui la persécutaient, mais qui n'étaient à ses propres yeux que des instruments peut-être inconscients de son salut.

*
* *

Cette phase douloureuse de la carrière de notre sainte dura plusieurs années. La pierre d'un dédaigneux oubli semblait à jamais scellée sur sa mémoire, lorsque tout à coup, la main de Dieu souleva cette pierre, et fit apparaître dans une gloire plus radieuse son humble servante, aux yeux désabusés de ses détracteurs.

* *

En l'an 446, saint Germain d'Auxerre dut se rendre de nouveau en Grande-Bretagne pour y porter les derniers coups au Pélagianisme, et il était, cette fois, accompagné par Sévère qui, après avoir été longtemps le disciple de saint Loup, venait d'être élevé au siège archiépiscopal de Trèves.

Cette fois encore, saint Germain s'arrêta à Paris et s'enquit de ce qu'était devenue la jeune fille qu'il avait autrefois distinguée à Nanterre, et dont il avait reçu publiquement la promesse de se consacrer à Dieu. On lui dit que cette jeune fille avait en effet prononcé un vœu de virginité perpétuelle ; qu'elle vivait à Paris fort retirée en une maison située dans la cité; mais qu'elle n'était pas ce que l'on avait cru tout d'abord.

Ayant témoigné quelque surprise, saint Germain pressa les détracteurs de formuler quelques faits de nature à motiver leur opinion si défavorable à Geneviève. C'est ce qui leur fut impossible.

Ils ne réussirent pas à préciser leurs calomnies. Leurs médisances même n'étaient qu'un ensemble confus d'interprétations malveillantes et d'imputations vagues. Le saint évêque ne prit pas la défense de Geneviève. Il parut n'être frappé que d'un fait qui subsistait, au dire de tous : c'était le genre de vie de la jeune vierge dans la mollesse d'une retraite somptueusement ornée et aménagée, en dépit de sa médiocre apparence. Il se fit conduire à cette maison, située vers l'emplacement où s'est élevée depuis la cathédrale de Paris.

La foule l'y suivit. La porte du logis fut ouverte, et l'évêque pénétra sans bruit jusqu'à un pauvre réduit, véritable cellule,

Notre-Dame de Paris.

dans lequel on surprit Geneviève en prière,
prosternée sur le plancher qu'elle mouillait
de ses larmes. Tout, autour d'elle, respirait
le dénuement du cloître et l'austérité d'une
vie de pénitence. Les témoins de cette
scène, d'abord interdits et muets, manifes-
tèrent bientôt le regret d'avoir accueilli et
propagé la calomnie. Saint Germain n'eut
pas de peine à les faire rougir de leur conduite à l'égard d'une humble servante de
Jésus-Christ, dont ils eussent dû admirer
la conduite et imiter les exemples. Ce fut
alors dans toute cette foule une explosion
d'attendrissement et de regrets. On exalta
la patience, la douceur et la sublime vertu
de cette sainte jeune fille qui ne s'était pas
justifiée, de qui jamais on n'avait entendu
la moindre parole de reproche, de plainte
ou d'aigreur. L'estime que témoigna publiquement à sa fille spirituelle le saint évêque
d'Auxerre, objet de l'universelle vénération,
dissipa les préventions les plus tenaces et
fit revivre avec plus de sincérité et de con-
viction le respect de tous pour Geneviève.

Saint Germain ne se contenta pas d'une réparation populaire aussi éclatante. Il se rendit auprès de l'évêque de Paris, et eut avec lui un long entretien au sujet de la pieuse vierge qu'il fit connaître sous son véritable jour, suivant les lumières qu'il avait reçues à son sujet. Bientôt les ecclésiastiques qui avaient accueilli trop légèrement les accusations vagues dont la sainte avait été l'objet, se montrèrent confus et affligés de leur conduite, et firent profession de sentiments tout opposés à ceux qu'ils avaient, à leur grand regret, laissé trop longtemps paraître.

Saint Germain, dès lors, correspondit régulièrement avec Geneviève, et lui envoya chaque année, aussi longtemps qu'il vécut, quelques présents qu'on appelait alors *eulogies*.

Ces présents, témoignages de singulière estime, consistaient en quelque objet de piété, quelque précieuse relique, ou même en quelque pain bénit. Tombé en désuétude, cet usage s'est perpétué toutefois à Rome, sous la forme la plus gracieuse. On sait que, chaque année, le pape envoie une Rose d'Or à quelque princesse catholique qu'il veut honorer de cette distinction, en témoignage spécial de gratitude et de satisfaction pour quelque service rendu au Saint-Siège ou à l'Église.

Chapitre IV.

NOUS sommes au moment où la vie de sainte Geneviève se trouve étroitement liée aux événements publics les plus considérables.

Nous sommes en 451. Geneviève a vingt ans. Quelle sorte d'action, dans un âge où l'on est si peu formé aux luttes viriles, une jeune fille a-t-elle pu exercer sur nos destinées nationales ? Dix siècles plus tard, on pouvait se poser la même question au sujet d'une autre jeune fille du même âge, bergère comme l'avait été Geneviève ; vierge aussi, et vierge inspirée, quel sujet de réflexion que ce double fait de notre histoire : Jeanne d'Arc, la villageoise de Domrémy, rendant au roi de France ses états, et le faisant sacrer à Reims. — Geneviève, la villageoise de Nanterre, préparant le triomphe de Clovis, son baptême par saint Remy de Reims et la fondation, par le chef des Francs, du royaume très chrétien. Ce rapprochement s'impose. Il éclaire d'une vive lumière le grand dessein de Dieu sur notre chère France. Il la voulait fille aînée de l'Église; le jeu de sa grande épée serait le geste de Dieu dans la mêlée des nations : *Gesta Dei per Francos*. Les gestes de Dieu par les Francs! titre énergique et superbe imposé par la foi patriotique d'un chroniqueur illustre au récit des grands faits qui ont inauguré nos annales.

** **

Il convient de rappeler en un tableau sommaire l'état dans lequel se trouvait la Gaule, à cette date précise de 451.

L'empire Romain avait vécu quatre siècles. Les deux premiers avaient vu toute sa gloire; les deux suivants, sa décadence et sa dislocation. Dès le milieu du troisième siècle, un irrésistible mouvement, parti des profondeurs du Nord, avait mis en branle le monde barbare et en avait lancé les hordes à l'assaut des provinces tributaires des Césars. Les légions étaient impuissantes à faire refluer ces torrents que les obstacles divisaient, mais qui ne tardaient pas, grossis dans leurs lits nouveaux et plus nombreux, à reprendre leur marche envahissante. Rome était impuissante à leur disputer leurs conquêtes successives.

Vers l'an 375, une effroyable poussée, venue des profondeurs de la Haute-Asie, refoula les barbares de la Germanie jusqu'aux bords du Rhin et jusqu'au Nord de l'Italie Une multitude de nations cédèrent le terain aux nouveaux envahisseurs et s'établirent, avec ou sans consentement des enpereurs, aux portes mêmes de l'Italie. Le siège de l'empire d'Orient était trop éloigné pour que les successeurs de Constantin pussent soutenir efficacement leur collègues d'Occident. Rome devait fatalement être engloutie. Les Barbares le sentaient et, de loin en loin, étendaient la main vers cette proie. Ce furent d'abord les Goths, puis les Burgondes, puis les Francs établis en Germanie sur les bords du Rhin, sous les noms de Ripuaires, de Bructères, de Sicanbres ou de Saliens. A maintes reprises, les Francs se ruèrent sur la Gaule, aussi énervée que les Romains l'étaient eux-mêmes.

En 406, nouvelle poussée du monde asiatique, nouvelles invasions des Francs. La frontière du Rhin est décidément violée ; et, tandis que les Goths occupent l'Aquitaine, lancent leurs avant-gardes en Espagne, et fondent un royaume dont Toulouse est la capitale ; tandis que les Burgondes et les Alemans débordent sur les territoires de notre future Bourgogne ; les Francs, sous la conduite de leur roi Clodion, occupent la Belgique avec Tongres pour capitale.

Aucun historien de quelque autorité ne mentionnant même de nom un Pharamond, on peut considérer Clodion comme le premier chef ou roi des Francs que l'histoire ait inscrit dans ses annales. Son établissement en Gaule s'effectua en 428 ; en 448, il s'empara de tout le pays qui forma plus tard la Picardie et arriva jusqu'à la Somme pour s'y retrancher.

Rome, ne pouvant mieux faire, avait
traité avec les Goths ; nce d'ailleurs acces-
sible à la civilisatioı Romaine, et un
peu jalouse de vivre dıns des luttes per-
pétuelles. Mais Aétius, général romain, fut
chargé de réprimer l'audace des Francs,
grands guerroyeurs, ınsatiables de conquêtes. Il battit Clodon, qui ne survécut
pas à sa défaite. Mırovée, son proche
parent, lui succéda. Trds ans après, il réunit
ses forces à celles de tous les Barbares
répandus sur le sol de lı Gaule, pour s'oppo-
ser avec eux à la grarde invasion d'Attila,
en 451. Romains et Iarbares se sentaient
également menacés. Païens et chrétiens
seraient soumis au mıme sort si les Huns
triomphaient. Si le chrstianisme n'avait pas
eu le temps de civilise les barbares, les évêques, du moins, avaien su imposer à tous un
respect souvent plus eficace que le prestige
de la pourpre Romaiıe avilie. Ils usèrent,
dans ces graves circoıstances, de l'autorité
et de l'influence dues à leur situation, à leur
caractère, à leur mcrite, à leurs vertus,

exctant le zèle des tièdes ou des lâches, ré-
veillant l'ardeur des courages abattus, et
pronettant le salut, à chacun faisait son
devoir. Aux chrétiens ils recommandaient
la pière et l'action. Aux païens ils faisaient
entrevoir, après la lutte suprême, une paix
nécessaire à la consolidation de leurs conquêtes.

*
* *

Après avoir longtemps hésité entre la
conquête de l'Orient et celle de l'Occident,
Attila, le farouche roi ces Huns, résolut de
lancer sur la Gaule seshordes impatientes.
La Germanie et les seppes de l'Europe
orientale ne suffisaient plus à assouvir la
rapacité de ces pillards insatiables. Attila
voulait d'ailleurs se venger des Goths qui
lui avaient autrefois échappé, et les ressaisir
jusqu'au-delà des Pyrénées s'il le fallait.
Son plan était de s'emparer d'Orléans, qui
était a clef du midi, en passant par Troyes
et par Paris. La terreur de son nom le
précédait. Le pillage, es massacres, l'incendie marquaient chacune de ses étapes.

Il se nommait lui-même le fléau de Dieu.
Par sa stature, par ses forces musculaires,
par ses instincts féroces et par ses mœurs
sanguinaires, il était digne du pouvoir absolu
qu'il exerçait sur les innombrables tribus
accourues à sa suite, des régions les plus
éloignées de l'Asie septentrionale.

« Les Huns, dit Grégoire de Tours, étaient
pour tous un sujet d'horreur. Ils n'avaient
rien de commun avec les peuples de l'Occident, ni les traits de la figure, ni les habitudes
de la vie. Leur visage osseux était comme
percé de deux petits trous d'où sortaient
des regards sinistres. Leur nez était plat et
large, leurs oreilles énormes et écartées,
leur peau brune, la barbe rare. » « Ce sont des
bêtes à deux pieds », disait Ammien Mar-
cellin.

C'est à la tête de plus de six cent mille
de ces bêtes farouches qu'Attila se jeta
d'abord sur Trèves, qui fut saccagée au passage. Metz et Reims eurent le même sort.
Troyes fut sauvée par son évêque saint
Loup. Les populations fuyaient à l'ap-

Vue de Metz.

proche de cette tempête de nations qui ne laissait après son passage que la famine ou une solitude affreuse. Sur qui allait fondre la terrible avalanche ? Paris, sans doute, avant Orléans en subirait le choc.

****

L'effroi se répandit dans cette cité. Attila s'avançait avec les calamités qui formaient son triste cortège. Nuit et jour, Geneviève implorait la clémence du ciel pour le salut de ses concitoyens. Dieu lui fit connaître que si Paris se repentait de ses fautes, il serait épargné. Elle courut alors exhorter publiquement les habitants, les engager à faire pénitence, leur ordonnant au nom du ciel de cesser leurs préparatifs de départ. Les hommes, dans l'effarement de la terreur, lui répondent par des paroles grossières et des marques de dérision. Elle s'adressa alors aux femmes, les ébranla par l'ardeur de sa foi, les toucha par ses reproches et les entraîna dans un oratoire appelé le baptistère, sur l'emplacement même où s'élève aujourd'hui Notre-Dame. Là elles s'enfermèrent et se mirent à prier avec ferveur. Cependant les hommes accoururent furieux, voulurent forcer la porte du temple, jurant qu'ils infligeraient à leurs femmes un prompt et terrible châtiment. Ils discutaient tumultueusement, quand survint un membre du clergé d'Auxerre qui fuyait l'approche de l'invasion. C'était un archidiacre qui plusieurs fois avait apporté à Geneviève les Eulogies de saint Germain. Au nom du grand évêque, mort depuis trois ans et dont les Parisiens révéraient la mémoire, il réprimanda ces hommes et les fit rougir de leur barbarie. « Cette fille est une sainte, s'écrie-t-il, obéissez-lui ! » Les Parisiens s'apaisèrent, obéirent et demeurèrent, sauf un petit nombre qui n'eurent pas à se louer de leur obstination et de leur incrédulité.

Attila changea tout à coup son itinéraire. Les Huns n'approchèrent pas de Paris, et se portèrent sur Orléans par une autre route.

A entendre les adeptes d'une certaine

école qui malheureusement, sous les noms spécieux de réaliste ou de positiviste, sème dans les esprits plus d'erreurs que toutes les hérésies passées et présentes, il faudrait voir en ces sortes de faits historiques le dénouement logique de certaines complications purement naturelles. Attila a modifié son plan : il avait sans doute pour cela des motifs tels que peut en avoir un stratégiste expérimenté. S'il a épargné Troyes, sauvée, dit-on, par saint Loup ; s'il s'est abstenu de ravager Paris au passage ; Paris, pour le salut duquel sainte Geneviève ne cessait de prier et de faire prier ; c'est certainement que ces états psychologiques des victimes désignées par le conquérant à ses hordes, coïncidaient avec certaines évolutions également psychologiques produites dans l'esprit d'Attila. C'est à tort que l'on conclurait au miracle.

Ce sont précisément ces sortes de coïncidences qui révèlent au sens commun l'action de la main divine. Les païens même en présence de certaines défaillances du génie humain, défaillances funestes à celui qui les subit, ont formulé cette conclusion : Jupiter trouble l'esprit de ceux qu'il veut perdre : *Quos perdere vult Jupiter dementat.* Et parmi nous, chrétiens, il a été dit : « l'homme s'agite : Dieu le mène. » Il le mène, non pas toujours par des prodiges comparables à ceux qu'il a multipliés par l'intermédiaire d'un Moïse, ou de certains saints de l'ancien ou du nouveau testament ; mais, le plus souvent d'une façon en apparence tout humaine, en se servant des forces ou des défaillances même de la nature humaine. Quel que soit son mode d'action, l'action divine comporte certains caractères auxquels tout homme droit se dit : « Le doigt de Dieu est là ! *Digitus Dei est hic.* » Laissons donc s'abuser dans l'orgueil de leur pensée ceux qui, s'étant fait des hommes animaux, ne sauraient plus percevoir les choses divines, et attachons-nous aux enseignements de notre foi. Dieu, dit le saint roi David, *fait la volonté de ceux qui le craignent.* Et le Verbe de Dieu fait chair nous a expressément déclaré la toute-puissance de l'arme par laquelle ceux qui craignent Dieu peuvent faire violence à la volonté divine. Cette arme, nous le savons tous, c'est la *prière*. Si donc, lâches et négligents, nous ne saisissons pas cette arme, ne nous étonnons pas de la rareté de nos victoires sur tant d'ennemis visibles ou invisibles qui nous assiègent et nous pressent. Encore moins fermons les yeux pour ne pas reconnaître les plus éclatantes victoires obtenues par les âmes saintes qui ont obéi au précepte de Jésus-Christ : « Il faut toujours prier, et ne s'en lasser jamais. »

***

C'est par la prière, que notre sainte a communiqué à l'eau sur laquelle elle avait fait le signe de la croix, la vertu de guérir sa mère aveugle. C'est par la prière qu'elle a obtenu de Dieu qu'il troublât l'intellect d'Attila, et qu'il changeât les desseins de l'inexorable dévastateur. C'est par la prière que Geneviève, spirituellement unie à d'autres âmes de saints, amena le triomphe et la conversion de Clovis et des Francs, et par suite, la fondation de ce royaume de France : « le plus beau, a-t-il été dit, après celui du ciel ». C'est enfin par la prière qu'elle a vu s'opérer, à sa demande, tant de faits miraculeux qui ont amené la piété de nos aïeux à la choisir et à la reconnaître comme patronne de Paris *et de toute la France : Patrona Parisiorum et totius Galliæ*.

Si nous ne sommes pas assurés, en raison du peu de générosité de notre foi, d'obtenir par la prière des faveurs aussi prodigieuses, nous le sommes du moins d'obtenir toutes les grâces nécessaires à notre propre salut. Dieu même s'y est engagé.

Et si parfois nous nous sentons ébranlés par le peu de succès de nos prières, c'est que Dieu, dans sa bonté de Père, nous exauce sous une forme que nous n'avions pas imaginée. Trop souvent nous lui demandons des *scorpions* ; et c'est *du pain* qu'à notre insu, sa libéralité nous octroie. Ne pensons jamais qu'il nous exaucera en vertu de nos mérites, mais par l'effet de sa seule bonté.

***

Pour clore le chapitre des coïncidences, disons que l'armée innombrable des Huns (elle comptait, suivant les évaluations les plus modérées, plus de six cent mille guerriers) étreignait de toutes parts la malheureuse cité d'Orléans, et la réduisit aux plus dures extrémités. L'eau et les vivres manquèrent. Le secours de Dieu, promis par l'évêque, ne venait pas. Il fallut se rendre à discrétion, car si l'on attendait que la place fût prise d'assaut, on s'exposait à un massacre général.

Mais il se trouva que, dans le même temps, tout ce que les frontières de la Gaule renfermaient de bons chrétiens se mit à ouvrir, sous l'inspiration des évêques, une campagne de ferventes prières, pour fléchir la colère divine et conjurer ainsi les ravages du *fléau de Dieu.*

Et il se trouva aussi que l'illustre général romain *Aétius* étant parvenu, à travers mille obstacles, à concentrer tout ce qui restait en Gaule de légions ou de débris de légions romaines, fut assez heureux de grouper autour de lui tous les rois ou chefs barbares, païens ou *ariens*, qui jusque-là ne songeaient qu'à s'exterminer réciproquement.

Il se trouva enfin qu'un beau jour, une belle et solide armée, après avoir franchi des fleuves, des forêts et des déserts, ne craignit pas de se présenter, malgré son évidente infériorité numérique, aux yeux de toute une nation de guerriers farouches qu'elle se proposait d'écraser ou de refouler au-delà du Rhin.

Chaque jour l'évêque d'Orléans, qui était alors saint Aignan, chargeait quelque émissaire d'explorer, du haut des remparts l'horizon autour de la ville. Longtemps, rien ne parut. On dit enfin au saint évêque que l'on apercevait au loin une masse confuse, derrière laquelle brillaient çà et là les aigles romaines. « C'est le secours de Dieu ! » dit l'évêque.

Le secours de Dieu n'était-il pas trop tard ? Déjà les Huns avaient pris possession de la ville, et s'occupaient à charger de butin leurs chariots et à rassembler leurs prisonniers, mais devant la volonté de Dieu, le trop tôt ou le trop tard n'ont pas de sens. C'est l'heure, quand il plaît à Dieu, devait dire un jour la sainte héroïne de Domrémy.

***

Tout à coup, une oscillation se fait dans la foule des Huns. Ils sortent pêle-mêle de la ville, abandonnant butin et captifs. Ainsi l'ordonne Attila, qui pour la première fois lâche sa proie et recule jusqu'à Méry, jusqu'à Châlons ; c'est dans les champs catalauniques qu'il attend Aétius dont les mouvements disent clairement qu'il veut livrer bataille. Le choc a bientôt lieu, et quel choc ! un simple engagement d'avant-garde met à bas quinze mille hommes. Attila ne comptait que sur l'élan de son immense cavalerie. Aétius l'avait pressenti, et s'était posté sur une colline qu'il avait fait occuper pas les Wisigoths, tandis qu'il se tenait en personne à portée de les soutenir. Jamais la Gaule n'avait vu s'entreheurter de pareilles masses : « Ce fut, dit *Jornandès*, historien des Goths, une lutte horrible, inouïe. L'antiquité ne raconte rien de semblable. Il s'y fit un tel carnage qu'au dire des vieillards, un petit ruisseau fut changé en torrent et roula des flots de sang. » Les Wisigoths enfoncèrent les escadrons qui chargeaient les pentes de la colline, et se rabattirent comme un ouragan sur le flanc des Huns dont ils firent un *terrible* massacre. Mérovée, avec ses Francs, redoubla ses coups. Attila ne put rallier ses hordes que derrière l'enceinte des chariots. Cent soixante-cinq mille combattants jonchaient le champ de bataille. « Au matin, — dit encore Jornandès, — les vainqueurs virent un étrange spectacle : un bûcher formé de selles de chevaux, Attila au sommet, les Huns au pied, la torche à la main, prêts à y mettre le feu si l'enceinte était forcée. » On jugea prudent de ne pas affronter le désespoir des Huns. Les alliés laissèrent Attila rentrer en Germanie (451). L'année suivante, il se dédommagea par une invasion en Italie. Un coup de sang mit fin à sa terrible mission. Avec lui périt son empire. Son nom seul, et le souvenir de sa cruauté subsistèrent dans l'histoire.

Chapitre V.

POUR ressaisir avec certitude les traces du rôle historique de sainte Geneviève, et de son influence sur les destinées politiques de Paris et de la France, il faut franchir un laps de quarante années, après lesquelles nous la voyons, en 491, soutenir contre les attaques de Clovis le courage des Parisiens, qui échappent à la domination du roi Franc Salien, chef intelligent et valeureux, mais faisant profession, comme toute sa tribu, de la religion scandinave et du culte barbare d'Odin.

Geneviève avait alors soixante ans. Elle était parvenue à un état de sainteté consommée, et voulait, en repoussant les attaques du jeune roi Franc, alors âgé de vingt ans, sauvegarder la foi de ses chers Parisiens.

Peu de temps après, elle était la première à engager ses concitoyens dans une tout autre voie : Elle leur conseillait d'ouvrir les portes de Paris à ce même Clovis, qui s'installait au palais des Thermes. Elle se liait d'une étroite amitié avec la reine Clotilde, et avait auprès du roi un crédit qu'elle conserva jusqu'à la mort de ce souverain.

Comment expliquer ce changement survenu tout à coup dans les dispositions de notre sainte ? Était-ce l'effet d'une versatilité tout humaine ? Dans une telle âme, tous les mouvements étant réglés par les lumières surnaturelles de la foi, on ne peut admettre de telles faiblesses. Il convient de rechercher d'autres mobiles ; et l'histoire, ici, se charge de nous les faire connaître avec une entière précision.

*
* *

Depuis la bataille de Châlons, la Gaule était retombée dans un tel chaos qu'on ne s'y aperçut même pas de la disparition de l'Empire d'Occident, arrivée en 476. — Les cités Gallo-Romaines avaient maintenu leur organisation municipale, et, du consentement de tous, les évêques y exerçaient une bienfaisante suprématie dès 441. Le concile d'Orange avait fait entendre la grande voix de l'église, qui étendait son bras pour la défense des faibles. Défense avait été faite de ramener à l'esclavage les affranchis, ou d'y réduire les malheureux qui se réfugiaient dans une enceinte sacrée.

Les Armoricains, ou petits Bretons, avec leurs chefs indépendants, se créaient un état autonome et se bornaient à se consolider en s'isolant derrière leur frontière. Les Alemans prenaient la place des Burgondes qui émigraient plus au midi, entre le Rhône et la Durance. A demi civilisés, les Burgondes avaient pour la plupart embrassé l'arianisme. Les missionnaires ariens avaient aussi séduit les Wisigoths, maîtres du midi et des deux tiers de l'Espagne. La cour de Toulouse avait subi dans une notable mesure l'influence romaine. Elle était, de tous ces états nouveaux, la plus policée. On y retrouvait les délicatesses et les mœurs de la civilisation romaine. Sidoine Apollinaire, noble Arverne, le premier poète de ce temps, et qui plus tard fut évêque, célébrait la puissance des rois Wisigoths « ... et toi-même, Romain, — disait-il en ses vers, — tu sollicites le bras d'*Éric*, pour te défendre contre les hordes de la Scythie; et tu demandes à la puissante Garonne de protéger le Tibre affaibli. »

Au nord de Paris, municipe Gallo-Romain, et jadis résidence de quelques empereurs ou personnages consulaires, se trouvait une assez nombreuse colonie de Saxons, établie dans les contrées autour de Bayeux ; puis les Francs avec leurs principaux chefs résidant à Cambrai, Tournai, Thérouanne, Cologne et autres villes importantes de la Gaule-Belgique; enfin Égydius et après lui son fils Syagrius, que Grégoire de Tours appelait *rois des Romains*, et dont les faibles états englobaient Amiens, Soissons et quelques territoires peu étendus, représentaient seuls l'ancien prestige d'une civilisation caduque, désormais sans influence. Ces derniers restes du vieil empire d'Occident ne pouvaient résister au moindre choc des races énergiques dont ils gênaient quelque peu l'expansion.

Aussi Clovis, roi des Francs Saliens, dont la tribu était campée aux environs de Tournai, conçut-il le projet d'en finir avec cet obstacle.

Clovis, petit-fils de Mérovée et fils de Childéric, était âgé de quinze ans lorsqu'il succéda à ce dernier. C'est son âge qui explique l'obscurité des cinq premières années de ce règne. Mais le jeune chef était doué de qualités éminentes qui allaient se faire jour. Intelligent et habile, brave entre tous, ambitieux, aimant la bataille et affamé de domination, il rêvait un empire à son profit, la chlamyde, la pourpre et les lauriers d'or des anciens Césars. La proie qu'il convoitait, c'était la Gaule tout entière. Mais il avait le sentiment des obstacles et ménageait avec prudence ses moyens d'action.

Dès l'âge de vingt ans, il avait sur sa tribu l'ascendant le plus complet, et il décida tous ses guerriers à se porter à l'attaque des Gallo-Romains de Syagrius. Toutes ses forces réunies se montaient à cinq mille hommes au plus. Il sut entraîner à sa suite

Ragnacaire, roi de Cambrai ; et ils infligèrent à l'armée de Syagrius une défaite à la suite de laquelle celui-ci se réfugia chez les Wisigoths, qui ne tardèrent pas à le livrer à Clovis. Le malheureux général fut mis à mort par son vainqueur.

C'est alors que Clovis tenta vainement de s'emparer de la cité que protégeait sainte Geneviève.

****

Les évêques du Nord, et principalement saint Remy, avaient depuis longtemps noué des relations avec le jeune roi des Saliens, dans la personne de qui, sans doute, ils pressentaient un chef assez audacieux, un guerrier assez politique pour imposer et pour asseoir sa domination. Estimant que l'église avait tout à craindre des Wisigoths ou des Burgondes Ariens, ils étaient disposés à coopérer aux triomphes d'une race vierge encore de toute corruption raffinée. Les Francs, conduits par un homme tel que promettait d'être Clovis, leur parurent le plus propres à justifier leur espoir. Aussi ménagèrent-ils pour le jeune chef un mariage avec une princesse catholique, Clotilde, nièce de Gondebaut, roi des Burgondes. Clovis, en effet, obtint de Gondebaut la main de Clotilde. Un premier résultat espéré ne se fit pas attendre : les cités catholiques s'empressèrent d'ouvrir leurs portes à un roi qui avait épousé une princesse ortho- doxe, et de se soumettre à sa domination.

Paris, sous les incitations de sainte Ge- neviève, s'empressa de donner cet exemple, et devint bientôt la capitale du royaume Franc.

Mais la mission de sainte Geneviève ne s'arrêtait pas là ! Elle avait pour principal objet la conversion de Clovis ; pour instru- ment direct l'influence intime des vertus de la sainte épouse du roi Franc sur son re- doutable époux ; par une conséquence di- recte, l'ascendant de la sainte *vierge des Gaules* sur la jeune souveraine.

Sainte Geneviève avait choisi pour guide spirituel, en vue de cette grande et délicate mission, l'illustre évêque de Reims, saint

Portail de l'église Saint-Germain.

Remy, de qui les conseils exprimaient la sagesse même de la sainte Église. Elle les suivait humblement et avec le tact délicat d'une âme remplie du Saint-Esprit, de cet Esprit qui atteint à ses fins avec suavité et avec force : *suaviter et fortiter*. Elle faisait de fréquents voyages à Reims, sans égard pour les fatigues qu'un tel trajet, à cette époque, imposait à sa faiblesse et à son âge déjà fort avancé.

Toute l'Église des Gaules priait pour la conversion de Clovis. Clotilde et sainte Geneviève multipliaient les bonnes œuvres, dans un commun élan de foi, et dans une sainte association de charité et d'espérance.

Clovis, tout occupé de ses projets, était le plus souvent en expéditions, et ne prêtait qu'une oreille distraite aux instances de sa sainte épouse. Tantôt, à la suite de quelque succès, il était disposé à reconnaître la puissance du Dieu des chrétiens; tantôt, après quelque déboire, même domestique, il semblait redouter la colère et la vengeance d'Odin, le dieu de sa race. Un fils lui naît.

Clotilde obtient que l'enfant soit baptisé, et cet enfant meurt dans la semaine même de son baptême. Clovis voit là un effet du courroux d'Odin. Un autre fils lui est donné. Nouvelles instances de sa mère pour qu'il soit présenté au baptême. Cette fois encore le nouveau-né tombe dangereusement malade. Clotilde supplie le Seigneur de lui rendre la santé. Sainte Geneviève aussi prie pour le salut de l'enfant, qui est sauvé. Clovis était convaincu qu'il mourrait comme son premier-né. « Ton Dieu, avait-il dit à Clotilde, ne le sauvera pas de la colère du puissant Odin » ; et il concluait en affirmant l'infériorité du Dieu des chrétiens.

Mais il n'était pas homme à subordonner ses résolutions pratiques à des impressions d'ordre intime, sa résistance tenait à d'autres causes. Ses perplexités étaient d'ordre purement humain et politique. Ne risquerait-il pas, en abjurant les croyances de sa nation, de perdre le pouvoir ?

Il fallait que quelque circonstance se produisît, qui fût de nature à trancher toute hésitation, et à motiver aux yeux de ses guerriers l'adoption de la foi que prêchaient Clotilde et Remy. Peut-être, dans le secret de sa pensée, la désirait-il ; car son intelligence ne laissait de lui suggérer des doutes sur les chances d'un triomphe définitif, en dépit d'une puissance telle qu'apparaissait déjà celle de l'Église.

Dieu, qui fait tourner à l'accomplissement de ses desseins les passions et les calculs de la prudence humaine, intervint visiblement au moment marqué par sa Providence. Nous ne referons pas, après tant d'autres, le récit de la fameuse journée de Tolbiac. Un instant, Clovis se vit perdu ; et c'est alors que miséricordieusement suspendu sur la ruine de toutes ses espérances ; trahi, pensait-il, par Odin, il se jeta dans les bras du Dieu de Clotilde, s'engageant par un vœu solennel à se faire chrétien si la victoire lui revenait. A l'instant même, les Francs, comme transportés d'une fureur martiale, revinrent de toutes parts à la charge et écrasèrent l'ennemi.

Et maintenant, dans l'orgueil de son éclatante victoire, se croirait-il lié par sa promesse? Sa volonté était encore chancelante, comme le démontrent ses derniers entretiens avec saint Rémy, qui le pressait de se présenter au baptême. « Très saint Père, dit-il, je t'obéirai volontiers, mais il reste une chose, c'est que le peuple auquel je commande ne veut pas abandonner ses dieux. J'irai à lui, et je lui parlerai d'après tes paroles. » « Or, dit Grégoire de Tours, lorsqu'il eut rassemblé ses sujets, avant même qu'il eût parlé, et par l'intervention de la puissance divine, tout le peuple s'écria unanimement : Pieux roi, nous rejetons les dieux mortels, et nous sommes prêts à obéir au Dieu éternel que prêche Remy. »

Transporté de joie, le nouveau Constantin prie Remy de le baptiser le premier. Dans cette seule journée, trois mille de ses guerriers reçurent après lui le baptême.

L'Église entière témoigna son allégresse et fit retentir des chants d'actions de grâces. La France, *fille aînée* de l'Église, apparaissait sous la forme d'une monarchie fondée par les évêques.

Le pape Anastase écrivait au premier roi très chrétien : « Le siège apostolique se réjouit de ce que Dieu a pourvu au salut de l'Église en élevant un si grand prince pour le protéger. » Avitus au nom des évêques des Gaules, lui écrivait : « Votre foi est notre victoire ; désormais, où vous combattez, nous triomphons. »

****

En nous livrant à de fréquentes digressions dans le champ de l'histoire, nous ne nous écartons pas de notre sujet. Loin de nous la recherche d'une sorte de dilettantisme hors de propos. C'est pour dissiper l'erreur d'esprits peu réfléchis qui attribuent un caractère quasi légendaire à notre dévotion nationale, que nous déroulons en quelques points la trame solide sur laquelle sainte Geneviève, coopérant à l'action de tant d'autres âmes saintes, a tracé par la puissance de sa prière tant de glorieux linéaments et semé tant de fleurs de grâce.

Ainsi, ce nous semble, sera mieux définie
et plus solidement établie la base du culte
quatorze fois séculaire que nous, Parisiens
et Français, rendons à la vierge de Nanterre, à celle que saint Siméon Stylite appelait dans sa solitude, la vierge des Gaules.

Chapitre VI.

NOUS avons à dessein franchi d'un trait l'intervalle qui sépare la déroute des Huns à Châlons et celle des Alamans à Tolbiac, afin de réunir, sous un même faisceau lumineux, les deux points culminants du rôle national assigné par la Providence à sainte Geneviève. Il convient maintenant de parcourir, en signalant seulement les sommets de la chaîne ininterrompue des grandes œuvres de notre sainte, qui se dessine presque dès sa naissance, et ne disparaît à nos yeux terrestres que pour se continuer, aux yeux de notre foi, dans la lumière de la gloire céleste.

*
* *

Après la violente tempête déchaînée contre Geneviève par la malice et l'envie, après le dernier orage soulevé par ses conseils prophétiques aux Parisiens terrassés à l'approche d'Attila, l'estime, le respect, la vénération et la confiance du peuple favorisèrent désormais les généreux élans de charité dont elle donnait l'exemple constant sous toutes les formes. On ne critiquait plus, on ne discutait plus : on aidait, on se soumettait, on obéissait : les plus grands subissaient l'irrésistible ascendant d'une sainteté qui resplendissait sur le visage même de cette vierge, si douce et si sereine qu'elle semblait être un messager de la paix du ciel. Toute passion devant elle se taisait, en sa démarche paraissait se réaliser ces poétiques promesses du roi-prophète : « Tu marcheras paisiblement sur l'aspic et sur le basilic ; tu fouleras aux pieds le lion et le dragon. »

Childéric, fils de Mérovée, traversait souvent Paris ; car il menait, comme allié, ses Francs là où le vaillant Aétius menait ses Romains. Il y condamne à mort, pour une faute contre la discipline, un de ses jeunes guerriers. Le peuple s'émeut de cette sentence barbare. Il s'adresse à Geneviève et la supplie d'intervenir en faveur du coupable. Childéric en est averti, sa colère s'en accroît ; mais n'osant affronter la prière de Geneviève, il abandonne la cité pour rejoin-

dre des troupes campées dans le voisinage.
Il ordonne qu'on en ferme derrière lui les
portes. C'est dans le camp, hors de Paris,
que se fera l'exécution.

Mais Geneviève le suit, elle se fait ouvrir
les portes ; on lui a obéi. Elle traverse le
camp, elle passe au milieu des gardes de
Childéric et arrive en présence du roi, encore
tout ému et courroucé. Elle parle, elle
demande grâce ; et voilà que Childéric,
incliné devant elle, pardonne et promet
d'oublier. Celui qui avait juré de faire un
exemple qui imposât la crainte à ses guerriers donne à tous un exemple éclatant de
déférence à l'égard d'une humble servante
de Dieu.

*
* *

Geneviève, consultée comme un oracle,
même par les prudents du siècle, ne voyait
ni dans la lassitude, ni dans les suggestions
d'une fausse humilité, aucun motif de frustrer
le prochain des lumières surabondantes
que lui prodiguait le Saint-Esprit. Elle
donnait simplement les avis et les conseils

que lui inspirait la sagesse selon Dieu dont elle était remplie, réduisant ses colloques au strict nécessaire, et ne prolongeant quelque entretien que lorsque les intérêts de l'Église ou la gloire de Dieu étaient directement en cause. C'était ce qui avait lieu dans ses rapports avec un certain nombre de jeunes filles qui se montraient disposées à mener une vie parfaite, soit qu'elles eussent déjà fait vœu de virginité, soit qu'elles fussent résolues à prononcer ce vœu. Le zèle et la charité de Geneviève embrassaient dans la même prédilection les saintes veuves qui, ayant renoncé au monde, voulaient vivre jusqu'à leur mort dans l'état de veuvage, et s'y consacrer au service exclusif du divin Maître.

Pour les unes comme pour les autres, elle fonda le premier monastère de femmes qui ait été, semble-t-il, établi en Gaule. On le désigna plus tard sous le nom de *couvent des Audriettes*, du nom d'une sainte *Alde*, ou *Aude*, la plus célèbre des saintes filles qui vécurent dans cette maison.

Une de nos rues parisiennes a perpétué jusqu'à nos jours le souvenir de ce monastère à la rue des vieilles *Audriettes* ou *Haudriettes*.

C'est dans cette maison que notre sainte établit sa résidence. Elle y forma ses filles spirituelles aux vertus et aux œuvres de miséricorde qui lui étaient habituelles, et qui répondaient aux plus tristes nécessités de ces temps troublés, où l'exercice de la charité, apanage exclusif de la piété chrétienne, n'était l'objet d'aucune réglementation émanant des pouvoirs publics. Si tendre était la sollicitude de Geneviève pour ses Parisiens pauvres, malades, infirmes, nus ou affamés, opprimés ou spoliés ; si généreux et si suave était le dévouement de la sainte phalange qu'elle entraînait au secours de toutes les misères, qu'en dépit de tous les efforts d'une philanthropie scientifiquement organisée et richement rentée pour annihiler dans le cœur du peuple de Paris la mémoire d'antiques bienfaits, ce peuple semble éprouver une satisfaction moins exempte d'amertume en voyant ses petits, ses misérables, ses déshérités, pompeusement enrôlés dans les bienfaits d'une assistance soigneusement classifiée, minutieusement réglementée et pompeusement administrée. Il admire le décor : mais son cœur se serre. Sa pensée reste froide et sèche. Il subit sans attendrissement les soins mercenaires dont est l'objet son corps brisé. Il rêve à sa mère, à une épouse, à une sœur, à quelque visage, où se peigne la compassion, la pitié, le pur et complet dévouement. C'est dans le rayonnement de la croix que la charité lui est apparue, s'inclinant sur son berceau. C'est sous le voile de quelque vierge sacrée, toujours prête à s'immoler au service de la souffrance, qu'il l'a retrouvée en ses heures désespérées ; c'est sous cette forme, et seulement sous cette forme qu'il a trouvé et qu'il espère retrouver son idéal.

Sainte Geneviève a été pour le peuple de Paris, une des suaves incarnations de la charité chrétienne et catholique. Dans le naufrage de ses croyances, le culte de sa

patronne surnage, épave insubmersible,
comme le navire, emblème de sa cité :
fluctuat nec mergitur.

**
* **

La vie entière de Geneviève nous offre
l'exemple des sublimités de la vie contem-
plative et des actes les plus héroïques de la
vie active. Reine de mystiques abeilles, elle
entraîne à sa suite un laborieux essaim,
traçant la route à d'autres essaims que mul-
tipliera, pour le plus grand bien des peuples,
la divine Providence. Elle prépare à l'É-
glise des saintes ; à la France, une lignée de
princes fidèles qui, durant une longue suite
de siècles, à travers toutes les défaillances
de la faiblesse humaine, se feront gloire du
titre de très chrétiens.

Geneviève éclairait et favorisait les véri-
tables vocations qui se manifestaient à elle,
déployant en cela la plus parfaite prudence
et la plus virile fermeté. Nous en citerons
un seul exemple, au sujet d'une jeune fille,
nommée *Céline* ou *Cœlinia*, qui vint la trou-

ver à Meaux, alors que notre sainte prenait quelque repos dans cette ville, pendant un des fréquents voyages qu'elle faisait jusqu'à Reims.

Cœlinia, à son insu, devait être une des premières vierges qui vinrent s'enfermer dans la retraite ouverte par Geneviève à l'innocence. Naissance, fortune, esprit, beauté, elle possédait tous les avantages naturels qui devaient lui assurer dans le monde un rang distingué. Elle était recherchée en mariage par plusieurs prétendants. Très pieuse et fervente chrétienne, elle ne montrait aucune répugnance pour le mariage, sachant que notre sainteté ne dépend pas de l'état que nous embrassons, mais de la manière dont nous nous y conduisons.

Elle s'était fiancée à un jeune homme de grande espérance, et rien ne semblait devoir empêcher l'union projetée. Mais, éclairée par Geneviève sur le véritable état de son âme, Cœlinia prit la résolution de se consacrer au service de Dieu dans la vie religieuse, et rompit les engagements qu'elle avait pris, alors qu'elle n'avait pas conscience de sa véritable vocation. Elle se dépouilla de sa riche parure et reçut des mains de Geneviève la tunique bleu d'azur et le voile noir que portaient en ce temps-là les vierges consacrées à Dieu. Son fiancé s'épuisa en vains efforts pour la faire revenir sur sa résolution. Elle demeura inébranlable. Le jeune homme, désespéré et irrité, jura qu'il saurait bien se venger d'elle et de celle qui l'avait décidée à renier ses promesses. Cœlinia courut avertir Geneviève du danger qui les menaçait l'une et l'autre. Celle-ci ne craignait rien pour elle-même ; mais elle voulut sur-le-champ pourvoir à la sûreté de celle dont elle se considérait comme la mère spirituelle. Renonçant à poursuivre sa route vers Reims, elle traversa Meaux avec Cœlinia, pour reprendre la route de Paris. Comme elles allaient sortir de la ville, elles virent venir au-devant d'elles le fiancé de Cœlinia, et se dirigèrent vers l'église pour se soustraire à sa poursuite. Il en franchit bientôt le seuil. Mais au moment où l s'approchait de deux fugitives, les potes closes du baptistère s'ouvrirent comne d'elles-mêmes et leur offrirent un sûr isile. Le jeuné homme, frappé de ce fait, y vit l'interventiondivine et renonça hautenent à ses prétentions. Notre sainte et sa compagne arrvèrent sans encombre aumonastère de la ité, où Cœlinia donna bngtemps l'exempe des plus hautes vertu. L'Église l'inscrivit plus tard au cataloguedes saints. Elle es particulièrement honoée dans les diocses de Paris et de Meaux.

*
* *

A l'exemple dudivin Maître, Geneviève s'appliquait sans ménagement à soulager les maux corporel du prochain. Survnait-il quelque fléau, qelque calamité publique, toutes les mains se tendaient vers elle. Toutes les voix ollicitaient son inercession auprès de Lieu, tant ce peuple avait reconnu, par de fréquents exemples, que

Dieu semblait se plaire à exaucer les prières de sa servante.

A l'époque où Clovis, encore païen, multipliait sans succès ses tentatives contre Paris, il arriva que les Francs, ayant intercepté toutes les routes, réduisirent la malheureuse cité à la plus affreuse disette. Ce fut bientôt la famine avec ses horreurs. Un immense cri de détresse s'éleva; on assiégeait la demeure de Geneviève, qui vit bientôt s'épuiser les ressources accumulées par sa charité. Ce fut alors qu'elle forma le périlleux projet de remonter la Seine et l'Aube jusqu'à Arcis, petite ville où elle pourrait, pensait-elle, réunir tout ce qui était nécessaire au ravitaillement de Paris. Les plus intrépides, en dépit de la confiance qu'ils avaient en elle, considéraient une telle entreprise comme chimérique et impraticable; car ils savaient que les Francs tenaient au loin la campagne, et que rien n'échappait à leurs déprédations. Mais Geneviève avait mis son voyage sous la protection du ciel, et envisageait avec sérénité les

difficultés de toute sorte qu'on lui opposait.
Le voyage devait être fort long, le cours de
la Seine et surtout celui de l'Aube étant
hérissés d'obstacles naurels ; car à cette
époque, on se préoccupat fort peu d'assurer
la sécurité de la navigaton.

Geneviève réunit enin une équipée de
bateliers, décidés à couir avec elle les ris-
ques et périls de l'entrprise. A l'aller, on
dut abattre d'énormes troncs dont les
souches entrecroisées fcrmaient des sortes
de barrages qui détermiiaient des courants
dangereux et de vériables tourbillons.
Geneviève indiquait avc une surprenante
précision ce qu'il y avait à faire, et le succès
suivait immédiatement l'exécution de ses
ordres. On atteignit enfin le petit port
désiré. Là, notre sainte prêcha une véritable
croisade de charité. Elle eut bientôt réuni
les dons de toute nature en quantité suffi-
sante pour charger onze bateaux de pain et
de toute sorte de denrées. Ces bateaux ainsi
chargés faillirent plus d'une fois sombrer
par la violence de nouveaux courants qui

s'étaient établis. La petite flottille échappa miraculeusement aux investigations des rôdeurs, car elle portait Geneviève et sa prière. On atteignit la cité, où s'effectua sans encombre le déchargement. Les Parisiens étaient dans l'ivresse de la joie et de la reconnaissance. Ce n'est pas moi qu'il faut remercier, leur dit la sainte, mais c'est le Seigneur qui a inspiré, soutenu et béni nos efforts. Elle pourvut elle-même à l'équitable répartition des vivres, apportant en cela comme en toutes choses un discernement où chacun admirait les effets d'une prudence qui réglait les élans de la plus généreuse libéralité. Les saintes filles de Geneviève l'assistaient dans ce touchant ministère, préparant certains aliments, faisant le pain, suppléant auprès des enfants les mères épuisées, se montrant, en un mot, les dignes précurseurs des *Filles de la Charité.*

*
* *

Les soins multiples qu'imposait à Geneviève l'assistance de toutes les misères ne

pouvaient la distraire un seul instant de la
présence de Dieu ; car ce n'était plus elle
qui vivait, mais JÉSUS-CHRIST qui vivait en
elle, et qui en elle opérait visiblement, tant
l'onction de la grâce divine accompagnait
ses bienfaits et touchait ceux qui les rece-
vaient. Quoi qu'elle pût faire, elle quittait
Dieu pour Dieu, laissant l'oraison et ses
délices intimes pour l'action féconde, en
union avec la munificence créatrice du Père
des miséricordes. Elle excitait dans tous
les cœurs le sentiment d'une filiale reconnaissance envers Dieu, pour tous ses bienfaits éclatants, hélas ! trop souvent mécon-
nus. Cette même reconnaissance, elle voulait
qu'on l'étendît à tous ceux que Dieu avait
choisis, pour être les instruments de notre
salut, surtout à ceux qui nous ont, souvent
au prix de leur sang, apporté la lumière de
l'Évangile. Elle honorait d'un culte particu-
lier les apôtres saint Pierre et saint Paul,
l'un comme la pierre angulaire de l'Église
universelle, vicaire de JÉSUS-CHRIST, ayant
transmis sa dignité et ses pouvoirs à ses

successeurs jusqu'à la fin des siècles ; l'autre comme apôtre des nations. Elle honorait spécialement saint Denis, apôtre de Paris, et ses saints compagnons, Rustique et Éleuthère, martyrisés avec lui en témoignage de la foi qu'ils ont prêchée à nos aïeux.

Ce grand bienfait de la foi, Geneviève adjurait les Parisiens de le considérer comme le plus grand qu'ils eussent reçu de Dieu ; de s'en montrer dignes en ne l'oubliant jamais. C'est dans l'ardent désir d'en glorifier le souvenir qu'elle forma le dessein d'élever une église en l'honneur des trois martyrs, nos pères dans la foi. Elle voulait que l'église de Saint-Denis portât à nos fils le témoignage de la piété des Parisiens de son temps.

****

Ayant recommandé à Dieu le succès de son entreprise, elle se mit en quête des éléments nécessaires à son exécution, et elle choisit comme emplacement le bourg de *Catulum*, non loin d'un champ où avaient été enterrés les corps de saint Denis et de ses deux compagnons, par les soins d'une pieuse chrétienne nommée Catula. Cette généreuse femme avait trouvé le moyen de retirer de la Seine les corps saints que les païens y avaient précipités. Plus tard, les fidèles élevèrent sur le lieu de leur sépulture un petit oratoire qui n'avait pas tardé à disparaître, et dont les restes étaient encore, lorsque Geneviève était enfant, un objet de vénération pour les âmes pieuses du voisinage. Maintes fois, Geneviève y était venue pour prier. De là, sans doute, sa constante et particulière dévotion pour ces saints martyrs. En choisissant le bourg même de *Catulum* comme emplacement de l'église projetée, notre sainte entendait faciliter la dévotion de ceux qui se rendaient au bourg, et qu'un trajet en pleine campagne jusqu'au lieu même de la sépulture pouvait détourner de fréquents pèlerinages.

Son premier soin fut de faire part de son projet aux prêtres de *Catulum*, et de solliciter de leur zèle tout le concours qu'ils pourraient fournir en provoquant les dons des fidèles les plus favorisés de la fortune, et la généreuse coopération des plus pauvres à la construction de l'édifice. « Y songez-vous ? dirent les pauvres prêtres : les plus aisés parmi nos populations, pourraient à peine fournir le prix de la chaux nécessaire. Une telle entreprise, si elle se fonde sur nos ressources locales, est irréalisable. »

Loin d'être découragée, Geneviève sentit croître sa confiance. Sa foi lui disait que toute œuvre tentée en vue de la gloire de Dieu ou de ses saints qu'il aime à voir glorifier est assurée du succès. Si elle échoue c'est que ce but, que nous croyons le seul mobile de nos efforts, n'exclut pas toujours de secrètes visées entachées, à notre insu, de présomption personnelle, ou même de quelque ferment d'orgueil. Ce n'est pas alors à la foi que Dieu se dérobe, c'est à notre témérité ; lorsqu'elle enfreint cette défense : « Vous ne tenterez pas le Seigneur votre Dieu.» Mais la foi de notre sainte ne comportait aucun mélange des passions occultes de notre faiblesse humaine. Elle était celle-là même dont Notre-Seigneur a dit qu'elle peut transporter les montagnes. Par une inspiration vraiment surnaturelle, elle dit aux prêtres : « Mes Pères, rendez-vous à l'entrée du pont de votre bourg, et rapportez-moi ce que vous entendrez de la bouche des premières personnes qui s'y présenteront.

Bientôt les émissaires revinrent et racontèrent que, s'étant mis en observation au lieu désigné, deux enfants, deux petits pâtres, étaient venus vers eux, en parlant avec vivacité. Ce matin, disait l'un, en cherchant une de mes bêtes qui était allée dans un écart, j'ai trouvé un endroit où il y avait une énorme quantité de chaux. Et moi, dit l'autre, j'en ai aussi remarqué un bon tas sous les racines d'un gros arbre abattu à l'entrée de la forêt.

Les prêtres étaient allés aussitôt reconnaître les endroits désignés par les petits pâtres, et avaient, en effet, découvert l'existence d'anciens fours à chaux, et d'abondantes accumulations de cette précieuse matière.

Ils ne doutaient plus que la bénédiction de Dieu ne dût assurer le succès d'une œuvre entreprise pour la glorification du saint apôtre-martyr et de ses deux compagnons. Geneviève, avec eux, offrit à Dieu de ferventes actions de grâce et stimula si bien l'ardeur et la générosité des habitants que le nouveau sanctuaire ne tarda pas à surgir au milieu du bourg de Catule, qui prit dès lors le nom de *Saint-Denis*. Les reliques des saints martyrs, déjà transférées du champ où ils avaient été enterrés par la pieuse Catula, au bourg même où les prêtres les conservaient, furent bientôt exposées dans l'église qui leur fut consacrée, à la vénération d'un incessant concours de fidèles.

Geneviève elle-même s'y rendait souvent en pèlerinage avec les vierges de son monastère, dont l'une portait toujours un cierge allumé pendant toute la durée du trajet.

Il arriva un jour que le vent éteignit ce cierge qui, plusieurs fois rallumé, autant de fois s'éteignit ; lorsqu'enfin, Geneviève l'ayant pris en main, il brûla jusqu'à l'église de Saint-Denis, bien que le vent, loin de s'apaiser, ne cessât de souffler par rafales.

Église St-Étienne-du-Mont.

Ce fait est rapporté comme ayant eu de nombreux témoins oculaires, et la piété chrétienne n'hésite pas à y reconnaître une des marques de la sollicitude divine pour les moindres actes que notre sainte accomplissait en vue de glorifier Dieu et ses saints.

La foi de nos pères a souvent retracé cette scène parmi tant d'autres plus imposantes de la vie de sainte Geneviève. Nous signalons, entre autres monuments, le beau vitrail du seizième siècle conservé dans une petite salle attenant à la chapelle des catéchismes de l'église de Saint-Étienne-du-Mont. Le démon y est représenté faisant de vains efforts pour éteindre de son souffle le cierge tenu par sainte Geneviève. L'exécution très précieuse de ce vitrail nous apporte comme un parfum de la foi qui animait nos anciens artistes, interprètes convaincus et inspirés de nos croyances nationales.

***

Nous n'entreprenons pas de rapporter dans cette étude sommaire tous les miracles consignés dans les récits des anciens historiens de sainte Geneviève. Signalons cependant le pouvoir qu'elle avait reçu de chasser les démons et d'en délivrer ceux qui en étaient possédés. Un jour, entre autres, pendant un de ces fréquents trajets de Paris à Saint-Denis, une troupe de ces malheu-

Restes de la basilique de St-Martin à Tours.
Tour de l'Horloge ou du Nord.

reux l'entoura et la supplia de les soustraire aux tortures qu'ils enduraient presque sans intermission. Geneviève se mit en prière et leur ordonna de la suivre jusqu'à l'église de Saint-Denis. Ils entrèrent en fureur et s'y refusèrent. Elle les fit lier alors par les nombreux témoins de cette scène, et on les con-

Restes de la basilique de St-Martin à Tours.
Tour de Charlemagne.

duisit ainsi, non sans peine, jusqu'à l'église, où elle entra après eux. Après avoir de nouveau prié, elle alla vers eux, et fit sur chacun le signe auguste de la Croix : à l'instant tous furent guéris.

Des faits analogues se produisirent à Tours, où elle s'était rendue en pèlerinage au tombeau de saint Martin, qu'elle honorait comme apôtre des Gaules. La mémoire du saint thaumaturge était d'autant plus vivante dans cette région qu'il s'y trouvait encore des témoins de ses vertus et de ses nombreux miracles. Dès qu'elle fut entrée dans Tours, un grand nombre de possédés accoururent à elle s'écriant qu'ils se sentaient brûlés de flammes plus ardentes entre sainte Geneviève et saint Martin. Elle fit sur tous le signe de la croix, et le démon les quitta.

A cette époque, où les païens étaient encore fort nombreux sur le sol de la Gaule, les cas de possessions démoniaques étaient infiniment plus communs que de nos jours, où un plus grand nombre d'âmes sont comme imprégnées des fruits de la Rédemption par le baptême qui les a soustraits à l'empire de Satan.

Quant aux incrédules que font sourire les enseignements indiscutables de notre foi, sont-ils bien sûrs, en présence de certaines fureurs criminelles, que le père du mal n'en est pas l'instigateur par voie de possession directe ? Aucune constatation scientifique n'a découvert à notre ignorance de mobile plus certain que celui que nos saintes croyances, basées sur la parole même du Fils de Dieu, assignent à ces épouvantables anomalies.

On a remarqué avec beaucoup de justesse que les âmes qui n'ont jamais possédé ou qui ont perdu le trésor de la foi, sont entre toutes la proie de la plus surprenante crédulité.

Tel qui n'a que dédain pour l'exorcisme s'égare avec passion dans le dédale confus des mystères du somnambulisme, du spiritisme ou de l'hypnotisme et de bien d'autres phénomènes à bon droit suspectés de charlatanisme. Plus favorisés, nous sommes heureux de nous en tenir aux infaillibles enseignements de l'Église, qui seule a le discernement des esprits et le pouvoir de chasser tous les démons.

Si l'on nous dit *que ces choses-là ne sont pas de notre époque,* rappelons-nous que notre époque et sa prétendue gloire passera, et après elle toutes les autres époques avec toutes les gloires humaines ; mais que les paroles de JÉSUS-CHRIST ne passeront point. *Veritas Domini manet in æternum.*

Chapitre VII

UNE étroite amitié, amitié toute spirituelle, unissait en Dieu les trois âmes
saintes associées par la Providence dans
l'œuvre de la conversion de Clovis : saint
Remy, sainte Clotilde et sainte Geneviève.

Remy, dès l'âge de vingt-deux ans, avait
été sacré évêque de Reims. Sa piété, sa
science, son éloquence entraînante et son
zèle ardent pour la propagation de la foi
catholique avaient décidé les évêques à user
en sa faveur des dispenses canoniques.
Clovis, avant sa conversion, professait pour
Remy la plus grande vénération, et avait eu
avec l'évêque de Reims des colloques auxquels il se plaisait, quand ses fréquentes
expéditions l'amenaient dans les environs
de cette ville. On sait la part que Clotilde,
par sa douce influence d'épouse et par
l'exemple de ses vertus chrétiennes ; Geneviève, par la puissance de ses prières et par
l'ascendant de son éminente sainteté, avaient
eue dans l'œuvre politique entreprise par les

évêques en vue de la civilisation chrétienne et du triomphe de l'Église de Jésus-Christ.

Cette amitié ne cessa pas de subsister après que Dieu eut comblé les espérances qui en avaient formé les liens. Remy appelait Geneviève *ma très chère fille, ma sœur en Jésus-Christ;* Clotilde l'appela *très sainte Mère*, et recherchait ses conseils.

Geneviève, dans son humilité, ne perdait pas de vue la distance que les lois du monde devaient maintenir entre un pontife illustre, une reine puissante et une pauvre villageoise, comme elle aimait à se dire elle-même. Mais sa modestie naturelle et sa surnaturelle humilité ne l'empêchaient pas d'user avec une sainte liberté, et dans toute circonstance où la charité et la gloire de Dieu l'exigeaient, de tout son crédit auprès des puissants de la terre.

C'est ainsi qu'elle put multiplier ses aumônes et procurer aux Parisiens des secours plus abondants dans toutes leurs détresses. Le roi Clovis, qui avait établi sa résidence au palais des Thermes, d'où il pouvait surveiller tout le pays entre la Loire et le Rhin, témoignait à Geneviève la plus grande vénération, ne faisant en cela, disait-il, que suivre l'exemple de son père Childéric. Sachant qu'elle se rendait souvent à Reims auprès de saint Remy, il lui fit don de deux métairies, dont l'une était située aux portes mêmes de la ville de Reims, afin qu'elle pût s'y délasser au cours de ses voyages. Mais notre sainte, considérant ces dons comme incompatibles avec la pratique d'une étroite pauvreté, ne les accepta que sous la condition qu'elle en pourrait librement disposer ; et elle pria saint Remy de réunir ces terres au domaine épiscopal de Reims. C'est sur l'emplacement présumé de la métairie aux portes de la ville qu'une belle église a été récemment édifiée sous le vocable de *Sainte-Geneviève*.

Fidèle à son culte pour saint Pierre et saint Paul, elle sollicita de Clovis l'érection d'une imposante basilique en l'honneur des saints apôtres. Clovis et Clotilde se chargèrent de la construction et en surveillèrent eux-mêmes l'exécution. L'emplacement choisi fut le mont autrefois désigné sous le nom de *Leucotitius*, dont le sommet, alors couronné de bouquets d'arbres et de vignes, dominait le palais des Thermes. Clovis détermina lui-même la longueur de l'édifice par un procédé qui peint bien le caractère des chefs guerriers de cette époque barbare. Arrêté sur le point qui devait être le seuil de l'édifice, il brandit sa francisque et la lança devant lui de toute sa force. L'arme, en touchant la terre, devait marquer le fond de l'abside. Ainsi, dit le roi Franc, nos petits-fils pourront juger de la vigueur de mon bras. Grande était certainement cette vigueur, car la nef et l'abside de l'ancienne basilique étaient d'une longueur considérable, si l'on en juge d'après les indications primitives.

La basilique de Saint-Pierre et Saint-Paul fut entièrement reconstruite dans le cours du onzième siècle ; et les nouvelles constructions furent elles-mêmes remaniées au treizième siècle. La haute tour qui s'élève encore aujourd'hui dans l'enceinte du lycée Henri IV, et qui est du treizième siècle, est le seul reste de l'ancienne église fondée par Clovis et par sainte Clotilde.

***

Plus la Providence l'élevait aux yeux des hommes, et plus notre sainte s'abîmait en présence de Dieu dans une humilité profonde, jusqu'à lui faire embrasser, au milieu de ses saintes filles, les occupations réputées les plus basses de la communauté. Elle brossait les vêtements de ses sœurs, et leur épargnait, en les réservant pour elle-même, les soins les plus rebutants pour notre naturel amour-propre. C'est ainsi qu'elle trouvait le moyen de compenser les adoucissements imposés par les évêques à ses habitudes de vie austère. Jusqu'à l'âge de cinquante ans, sa nourriture consistait en une bouillie d'orge mélangée de fèves. L'eau était son unique breuvage. Jamais elle ne goûta ni vin ni aucune boisson fermentée. Mais les évêques lui ordonnèrent

de faire usage de lait et de poisson. Elle
obéit sur-le-champ et sans aucune de ces
observations qui dénotent quelque attache-
ment aux idées propres et aux pratiques
choisies. Mais, comme on vient de le voir,
la mortification n'y perdait rien ; elle se
cachait seulement sous les pratiques d'une
humilité plus ingénieuse, sous des formes
plus abjectes aux yeux du monde et de la
nature.

*
* *

Quel sujet de nous humilier nous-mêmes
au plus profond de nos cœurs, en présence
de tant d'héroïsme soutenu durant chaque
heure d'une longue vie par des enfants, par
des adolescents, par des femmes, par des
vieillards, épris des âpres délices de la
croix ! — La rougeur ne nous monte-t-elle
pas au front lorsque nous considérons dans
l'intimité de nos consciences la répulsion que
nous inspire tout acte même passager de
mortification volontaire ; la lâcheté avec
laquelle nous suivons presque toujours
l'attrait de notre sensualité ?

Pensons-nous que nous puissions marcher toujours couronnés de roses sur les traces d'un chef couronné d'épines ?

Prenons quelque virile résolution, et inaugurons enfin une carrière vraiment chrétienne en acceptant du moins avec résignation, avec joie, s'il se peut, les maux et les épreuves de toute sorte que le cours de notre existence ne manquera pas de nous imposer. Allons plus loin dans la voie de la croix ; embrassons, suivant nos inspirations approuvées par la sagesse d'un guide spirituel autorisé, quelques pratiques de mortification volontaire, en vue de plaire à notre Rédempteur crucifié. De telles pratiques assureront la sincérité des larmes que nous versons en considérant les douleurs dont l'Homme-Dieu a épuisé la coupe pour notre salut.

*
* *

Au cours des âges de barbarie, Dieu a suscité dans son Église une telle floraison d'âmes saintes, que malgré l'horreur de tant de crimes accumulés, aucun des siècles

barbares n'offre un spectacle aussi désespé-
rant que celui des plus beaux siècles de la
civilisation païenne. Nous ne craignons pas

Sainte Radegonde, épouse du roi Clotaire, reçoit l'habit
religieux des mains de St. Médard, évêque de Noyon.
*Histoire et cronicque de Clotaire, Paris, Jean Mesnage,
1813, in-16.*

qu'aucun moraliste contredise cette assertion. D'une part, en effet, on voit l'humanité
tout entière, avec ses plus beaux génies, se
précipiter en de tels abîmes que l'incarnation
d'un Dieu, — comme l'avait pressenti Platon,
— était nécessaire pour la sauver. D'autre
part, on voit les fureurs du monde barbare
s'apaiser peu à peu, sous l'action de la grâce
évangélique ; et les passions farouches dés-
armer devant la vertu sans autre arme que
la croix.

A Clovis, Dieu oppose saint Remy, sainte
Clotilde et sainte Geneviève; à Clotaire, il
opposera sainte Radegonde, saint Médard
de Noyon. Et toujours quelque saint se
trouvera pour refréner les emportements de
quelque tragique pouvoir, ou pour nous en
consoler. Et ce sera ainsi jusqu'à ce que les
destinées de l'Église de JÉSUS-CHRIST aient
pris fin sur cette terre.

* *

Geneviève avait dépassé l'âge de quatre-
vingts ans. Le même voile qui nous a dérobé

les premières années de son enfance s'est étendu, plus impénétrable encore, sur les derniers jours de sa vieillesse. A dater de l'année 507, où elle obtient de Clovis l'érection de la basilique en l'honneur des saints apôtres, les chroniqueurs ne font plus mention de la sainte que pour nous apprendre qu'elle quitta ce monde le 3 janvier de l'an 512, et qu'elle fut enterrée dans la crypte de l'église de Saint-Pierre et Saint-Paul, qui plus tard fut désignée, avec toute la hauteur dont elle couronnait le sommet, sous les noms d'*église* et de *montagne Sainte-Geneviève*.

Clovis, et après lui sainte Clotilde, y furent successivement enterrés : leur tombeau s'éleva dans la même crypte où se voyait celui de sainte Geneviève sous la garde duquel la pieuse reine avait voulu placer les restes mortels de ses petits-fils, poignardés par leurs propres oncles.

Chapitre VIII.

GENEVIÈVE avait à peine cessé de vivre que plusieurs miracles s'opérèrent par son intercession. La confiance des Parisiens et des nombreux fidèles de toutes

Ste Geneviève attire la foule à son tombeau,
(d'après un vitrail de la sacristie de N.-D. de Paris).

les contrées de la Gaule n'avait fait que prévenir la décision de l'Église, qui ne tarda pas, en inscrivant Geneviève au catalogue des saints, à en faire l'objet d'un culte légitime.

Au moment même où l'on venait de déposer dans l'église des Saints-Apôtres des restes si précieux à tant de titres, la piété des fidèles alluma en leur honneur une lampe que l'on devait entretenir avec soin. Mais la personne chargée d'en renouveler l'huile s'aperçut qu'elle ne diminuait pas, et qu'elle donnait une lumière d'un merveilleux éclat. L'huile continua de brûler sans se consumer, comme si elle provenait de quelque source invisible et inépuisable. Pour ne laisser aucun doute sur le caractère miraculeux de ce fait, Dieu permit que plusieurs malades, dans un élan de foi, s'étant frottés de quelques gouttes de cette huile, furent instantanément guéris de leurs maux. D'autres fois, il suffisait de s'approcher du tombeau de la sainte pour se sentir délivré de toute souffrance. Un jour, à l'heure de la messe, un pauvre homme muet et aveugle se fit conduire auprès de la dépouille mortelle de celle qu'il ne cessait d'invoquer comme sa protectrice. Il était persuadé que la proximité de ces précieuses reliques suffirait pour délier sa langue et lui rendre l'usage de ses yeux. Il entendit la messe avec une profonde dévotion. Au moment où les clercs, après la communion, chantaient ces paroles : « Seigneur, faites briller sur votre serviteur la lumière de votre visage », il recouvra tout à coup la parole et la vue. Il s'en alla louant Dieu et proclamant à haute voix la guérison miraculeuse qu'il devait à l'intercession de sainte Geneviève.

A quelque temps de là, une femme se sentit inspirée d'apporter à ce même tombeau son enfant aveugle de naissance : Au moment où l'on récitait les dernières paroles de l'évangile du jour, où saint Jean rapporte la guérison de l'aveugle-né : « ... puis JÉSUS lui dit : allez vous laver dans la piscine de Siloé, il y alla donc, et il en revînt voyant clair. » L'enfant fut guéri subitement. Il ouvrit les yeux et, dans sa surprise, cherchait à prendre le cierge allumé que portait sa mère.

On vit aussi un muet recouvrer la parole auprès du tombeau de la sainte, et témoigner sa reconnaissance en se consacrant dans une vie toute de piété aux soins matériels de l'église et du précieux tombeau.

On vit un énergumène dont on surveillait constamment les dangereux accès, se trouver subitement guéri au seuil de l'église où était le tombeau de Geneviève. Ce furieux s'était échappé de la retraite où on le tenait soigneusement enfermé, et la main de Dieu avait dirigé sa course errante vers la basilique des Saints-Apôtres. Rentré chez lui comme s'il fût sorti paisiblement, il loua publiquement le Seigneur qui par l'intercession de sainte Geneviève l'avait délivré de son terrible mal, et il alla suspendre ses chaînes en *ex-voto* à ce même sanctuaire, témoin du prodige opéré en sa faveur.

C'est ainsi que sainte Geneviève obtenait des grâces extraordinaires pour ceux-là mêmes qui ne les avaient pas sollicitées.

Une autre fois, c'est un criminel réservé au supplice qui parvient, pendant la nuit, à surprendre la vigilance de ses gardiens, et se dirige en fuyant vers l'église de Sainte-

Geneviève. Des soldats sont lancés à sa poursuite. L'un d'eux parvient à le saisir, et le misérable n'oppose aucune résistance. Il se désespère seulement de n'avoir pu atteindre le refuge qui l'eût sauvé, et il implore à haute voix le secours de sainte Geneviève. Le soldat ricane et le raille de sa confiance : à l'instant même le railleur est frappé de mort. Ses camarades entourent tumultueusement son corps inanimé. Le coupable entre dans l'église, où il fond en larmes de repentir et où il adresse à Dieu et à sa libératrice de ferventes actions de grâces. Son corps est sauvé, son âme est guérie.

« Ces faits, dit un auteur du XIIe siècle, où nous les trouvons consignés, sont tirés de documents très authentiques et dignes de toute confiance, conservés dans l'église consacrée à la Sainte. » Nous les rappelons donc avec respect, comme des manifestations de la puissance divine et du crédit dont jouissent au ciel les saints, qui sont les amis de Dieu. Nous professons la foi du symbole des apôtres ; nous croyons au

Saint-Esprit, à la communion des saints...
Il y a entre l'Église de la terre et l'Église du
ciel échange incessant de prières et de grâces obtenues. Tout fidèle chrétien dans ce
monde en peut faire l'expérience.

*
* *

Les manifestations de la puissance divine,
dues à l'intercession de sainte Geneviève,
ont eu mainte fois le caractère d'événements
publics et de prodiges intéressant le salut
de tout un peuple.

Au IXe siècle, sous le règne de Louis le
Débonnaire, les eaux de la Seine grossirent
à tel point que Paris semblait émerger du
sein d'un lac immense. L'eau avait envahi
toutes les habitations, et les églises même,
bien qu'elles fussent presque toutes con-
struites en surélévation d'un certain nombre
de marches, étaient inondées jusqu'aux
autels. Inchard, évêque de Paris, ordonna
un jour de jeûne et des prières publiques. Il
envoya en même temps un certain nombre
de clercs pour explorer la ville en bateaux,

et rechercher si quelque église n'était pas restée, par sa situation, préservée de l'envahissement des eaux. La flottille arriva au monastère des Audriettes. L'eau y affluait de toutes parts; mais, à la stupéfaction générale, la seule cellule où était conservé comme une relique le lit de sainte Geneviève, avait été respectée, bien qu'étant au même niveau que toutes les autres, et le lit virginal était intact, comme entouré par un invisible rempart. Ce fait rapporté à l'évêque lui fit connaître à quelle intercession les fidèles devraient demander le secours. Il se transporta de sa personne aux Audriettes, suivi de tout le clergé et d'une grande foule de peuple dont les bateaux étaient surchargés. Le prodige étant juridiquement constaté, on fit des prières publiques en l'honneur de la sainte ; l'effet de son intercession ne se fit pas attendre. Les eaux se mirent tout à coup en baisse, et neuf jours après, la Seine était rentrée dans son lit.

*
* *

Vaisseaux normands.

On sait que les Normands, originaires, comme les Francs, de la Scandinavie, portèrent leurs ravages, sous les faibles successeurs de Charlemagne, dans nos plus belles provinces, remontant le cours des fleuves et des rivières dont ils pillaient et dévastaient les rives. Le cours de la Seine leur permit de se porter jusqu'aux abords de Paris, et de menacer même la capitale du royaume de France. En 866, sous le règne de Charles le Chauve, les barbares étaient venus s'établir dans l'île de Saint-Denis. Ils avaient coutume de brûler les saintes reliques pour se partager les métaux précieux et les pierreries dont étaient ornées les châsses. Ce n'était donc pas sans raison que les clercs réguliers chargés de la garde du corps de sainte Geneviève se préoccupaient du danger que courait leur précieux dépôt, qui n'était pas protégé par les murailles de la ville. Ils résolurent de le soustraire à l'avidité des déprédateurs, et transportèrent la châsse d'abord à Athis, puis à Draveil, lieux dépendant l'un et l'autre de leur église.

Mais bientôt Charles le Chauve ayant traité avec les Normands, les saintes reliques furent rapportées à Paris. On ne les replaça plus dans le caveau où elles avaient été primitivement déposées ; mais sous l'autel principal de l'église des Saints-Apôtres.

Les Normands s'étaient bornés, pendant une vingtaine d'années, à ne commettre que quelques infractions au traité qu'ils avaient accepté. Mais en 886, ils le rompirent et revinrent, à la tête d'une flotte qui portait quarante mille hommes, assiéger la ville de Paris. Les Parisiens, soutenus par Gosselin, leur intrépide évêque et par leur gouverneur, le comte Eudes, luttèrent avec une infatigable énergie. Charles le Chauve, immobile à Montmartre avec une armée, assistait indolemment aux déprédations qui se faisaient autour de lui et presque sous ses regards.

Cette fois encore, les restes de sainte Geneviève furent transportés en un lieu dépendant de son église, *Marisy*, au pied de la tour de la Ferté-Milon. Durant le trajet, plusieurs guérisons miraculeuses eurent lieu sur le passage des dépouilles sacrées, objet de la vénération attendrie des populations qui d'un lieu à l'autre leur faisaient cortège.

A peine étaient-elles déposées, que les saintes reliques de la patronne de Paris reprirent le chemin du sanctuaire des Saints-Apôtres, où bientôt elles furent réintégrées.

Charles le Chauve, sans avoir rien tenté contre les Normands, achetait leur retraite et la favorisait à la grande humiliation des Parisiens et de toute la France.

Chapitre IX.

LES merveilles opérées en faveur des particuliers par l'intercession de sainte Geneviève ne sont point du domaine de l'histoire. C'est pendant les grandes cala-

Ste Geneviève délivre Paris de la Peste des Ardents,
(d'après un vitrail de la sacristie de N.-D. de Paris).

mités publiques qu'elle inscrit les faits remarquables dont elle transmet le souvenir à tous les âges.

En 1229, sous le règne de Louis VI, dit le Gros, les Parisiens furent atteints d'un fléau dont on n'avait encore vu en France aucun exemple. Ceux qui étaient frappés se sentaient comme consumés d'un feu dévorant que rien ne pouvait apaiser, et ne tardaient pas à expirer dans d'atroces douleurs. De là le nom de mal des Ardents donné à cette étrange épidémie, qui fit des milliers de victimes. Étienne, évêque de Paris, ordonna des prières publiques. Mais le fléau continua d'exercer ses ravages. Dieu, dit le saint prélat, n'exauce pas nos prières, parce que nous sommes de grands pécheurs. Invoquons le secours de sainte Geneviève. Elle intercédera pour son peuple et nous obtiendra par ses mérites ce que le Seigneur n'accorde pas à notre indignité. L'évêque pria donc les chanoines de Sainte-Geneviève de descendre la châsse où était renfermée la dépouille de la sainte et de la promener solennellement dans les rues de la malheureuse ville. Lui-même se rendit processionnellement au-devant des reliques, suivi de tout son clergé escortant la châsse de saint Marcel. Sur le parcours même des corps saints, il y eut un grand nombre de malades qui se sentirent tout à coup soulagés. Tous ne tardèrent pas à être guéris. Trois malheureux qui avaient, à la vue des reliques, proféré des malédictions et des blasphèmes furent les seuls que le mal n'épargna pas. Ils moururent dans de grandes souffrances. Le fléau s'éteignit comme un incendie qui n'a plus d'aliment, et il n'en resta que le souvenir. Plus que jamais la reconnaissance des Parisiens envers leur patronne se traduisit en fervents témoignages de piété et de dévotion.

L'année suivante, le pape Innocent II vint à Paris. Touché des récits qu'on lui fit de ces merveilles, il ordonna que chaque année se fît une procession sous le nom de sainte Geneviève des Ardents (le 26 novembre).

****

Disons, sans en énumérer les preuves innombrables, que la dévotion à sainte Geneviève était de tradition pour les rois de France. L'abbaye fondée en faveur du chapitre régulier de Sainte-Geneviève s'enrichit de leurs munificences. Dons précieux et privilèges de toute sorte affluaient à chaque nouveau règne.

C'est ainsi que le corps de sainte Geneviève, placé d'abord dans un sépulcre de pierre, fut transféré dans une châsse, précieux travail de saint Éloi ; et ensuite, par Robert de la Ferté-Milon, abbé de Sainte-Geneviève, dans une châsse de vermeil du poids de quatre-vingt-treize marcs d'argent et de huit marcs et demi d'or pur. Tout événement important de chaque règne, toute calamité publique étaient l'occasion de processions dans lesquelles on portait cette châsse. Aussi, au commencement du XVIIe siècle (1614), songea-t-on à la faire réparer, car elle avait été très endommagée. Diamants, émeraudes, pierres précieuses de toute sorte entrèrent dans l'ornementation de ce merveilleux reliquaire, qui fut dès lors un des plus riches du monde entier. Marie de Médicis donna un magnifique bouquet de diamants, chef-d'œuvre de joaillerie artis-

Le Panthéon.

tique, dont la gerbe éblouissante couronna dignement le sommet de la châsse... Louis XIII donna deux grosses colonnes de jaspe sur lesquelles elle fut placée derrière le grand autel, exposée aux regards du peuple fidèle dont l'affluence était en tout temps considérable.

**

Au XVIIIe siècle, ce fut l'église même fondée par Clovis qui inspira quelque sollicitude. L'édifice gothique étagé sur des assises romanes avait subi d'inquiétantes dégradations. On les reconnut de telle nature que Louis XV résolut d'élever un nouveau temple en l'honneur de la patronne de Paris. Il chargea l'architecte Soufflot de lui en présenter le plan. Le titre d'église Sainte-Geneviève, imposé dès l'an 811 à celle des Saints-Apôtres Pierre et Paul, devait être donné à la nouvelle église, dont la première pierre fut posée le 6 septembre 1764.

« Trop tard, ô piété, s'écrie un poète » !

cité par Feller dans son dictionnaire historique ; « car avant que tu aies élevé un
temple au Seigneur dans la reine des cités,
l'impiété proscrira Dieu dans la ville et
dans ses temples. »

L'édifice, en effet, était à peine achevé
que l'impiété, devenue toute-puissante, installait dans la nouvelle basilique ceux
qu'elle considérait à bon droit comme ses
patriarches et ses dieux. L'assemblée nationale de 1791 décrétait que, sous le nom
de *Panthéon*, le monument serait désormais
consacré aux grands hommes, reconnus
tels par la patrie : « *Aux grands hommes
la patrie reconnaissante.* » Et, sans plus tar-
der, comme Louis XIV avait dit : « *L'État,
c'est moi* », ils dirent : « *La patrie, c'est
nous.* » Voltaire, Rousseau et quelques autres eurent au temple de tous les dieux,
— *Panthéon,* — les premiers honneurs de
l'apothéose.

Le cours des événements suspendit plusieurs fois ces essais d'acclimatation olym-
piaque. Mainte fois le monument fut rendu

à sa première destination. — Mais, en ces derniers temps, on a résolument renoué la chaîne interrompue des traditions de 1791. Une nouvelle fournée d'immortels attire au Panthéon les excursionnistes exotiques et les désœuvrés d'un tourisme sans ardeur. Franchement, le besoin d'une telle nécropole ne se faisait pas sentir. Les morts plus ou moins illustres, exhumés des tombes éparses où leurs restes étaient en paix sous la voûte du ciel, ont-ils gagné à cette installation collective, sous cette coupole qui semble porter jusqu'au ciel, — selon l'expression de Bossuet, — le magnifique témoignage de leur *néant ?*

Mais on ne pouvait les consulter. Et l'occasion était trop propice pour ne pas la saisir. N'était-ce pas une douleur à ajouter à tant d'autres blessures infligées par système aux consciences chrétiennes et catholiques ?

*
* *

Parmi les protestations que souleva d'un bout à l'autre de la France catholique cet acte, que les plus modérés et les plus *pra-tiques* qualifiaient d'*inopportun*, nous devons

Le cardinal Guibert.

citer les graves avertissements que contenait celle du cardinal Guibert, archevêque de

Paris. « On verra, dit-il aux ministres dans sa lettre du 29 mai 1885, les conséquences d'une politique qui consiste à livrer une à une les institutions les plus respectables pour donner satisfaction aux exigences toujours croissantes de l'esprit de désordre... Tout sera emporté, la fortune publique et privée, l'ordre de la rue, la sécurité des personnes, on aura sacrifié gratuitement ce qu'il fallait défendre ; on ne sauvera pas ce que l'on voulait conserver. »

*
* *

Il prit autrefois fantaisie à Tibère de placer parmi les dieux dont les statues ornaient le Panthéon d'Agrippa, celle de JÉSUS-CHRIST. Mais cette statue se brisa, et la décision de Tibère ne fut pas exécutée.

Quelque chose de semblable a eu lieu pour les restes sacrés de la *vierge des Gaules*. Aux jours de la tourmente révolutionnaire, des bandes se ruèrent sur son église qu'elles mirent à sac. Le magnifique reliquaire fut mis en pièces, et ses précieux débris furent pillés. On en avait extrait les ossements de la sainte que des misérables traînèrent dans la fange des rues jusqu'à la place de Grève, où ils furent réduits en cendres au milieu des hurlements d'une populace frénétique ; comme si dans ces flammes, elle eût, selon l'expression de Tacite, *aboli la conscience de tout le genre humain;* disons ici de tout le peuple chrétien. Ainsi, Dieu n'a pas permis que la dépouille vénérée de sainte Geneviève subît un seul instant l'injure d'une promiscuité sacrilège.

La piété des fidèles s'est reportée sur un fragment du tombeau primitif de la sainte, et très probablement de la pierre sur laquelle son corps même a reposé. C'est, on le sait, l'église Saint-Étienne-du-Mont qui possède et expose à la vénération publique ce précieux débris, extrait du caveau de l'ancienne basilique de Clovis, lors des fouilles que M. de Voisin, alors curé de Saint-Étienne-du-Mont, y fit faire sous l'empire.

A aucune époque, le pèlerinage qui se fait chaque année à ce tombeau, le 3 janvier et durant toute la neuvaine, n'a attiré un concours aussi nombreux de fidèles, ni donné lieu à d'aussi touchantes manifestations de la foi populaire.

Les pèlerins se portent aussi en grand nombre au puits de Nanterre, qu'une tradition constante nous autorise à considérer comme étant celui-là même où Geneviève a puisé l'eau qui, sous sa main bénie, devait rendre la vue à sa mère aveugle.

Sur tous les points de la France, des sanctuaires ont été consacrés à notre sainte protectrice. Des autels lui ont été élevés là même où elle n'en avait pas, son image s'est multipliée sous toutes les formes. Son nom même a été imposé au baptême à des milliers de jeunes filles : touchant élan de réparation envers une de nos plus pures *gloires nationales* outragée !

Jeanne d'Arc, cette autre *gloire nationale*, a été brûlée vive par l'ennemi, en haine du nom français. Geneviève, arrachée à son autel, a été réduite en cendres en haine de la France chrétienne, par un ennemi cent fois plus redoutable, parce qu'il sévit à l'ombre de nos foyers. Le crime est le même. Les treize siècles qui nous séparent de Geneviève vivante n'atténuent pas le caractère odieux de cet acte au point de vue national, autant qu'il a été sacrilège au point de vue chrétien. Aucun sophisme n'innocentera la mémoire de ceux qui ont allumé le bûcher de Rouen, et de ceux qui ont attisé en place de Grève le bûcher de 1791. La seule majesté qui pouvait expier et pardonner a été bannie en 1885 des autels enlevés du Panthéon, comme « *matériel démodé* ».

Chapitre X.

RÉSUMONS-nous en disant que l'honneur national, qui paraît soucieux d'une grande réparation envers la mémoire d'une héroïne vengeresse des hontes et des misères infligées à sa patrie, est tenu aux mêmes réparations envers celle qui fut l'ange tutélaire de la France au berceau. L'heure de ces solennelles réparations sonnera-t-elle jamais ? C'est le secret de Dieu. Les délais de sa justice se prolongent souvent pour l'individu, jusqu'au terme même de son existence ; mais c'est sur cette terre que les nations, qui ne sont pas, en tant que nations, immortelles, reçoivent leur châtiment ou leur récompense, voient croître leur prospérité et leur grandeur, ou s'effondrer l'édifice de leur puissance et de leur gloire.

Nous savons à quels sommets la civilisation par l'Évangile a conduit notre pays. Nous ne pouvons augurer à quels abîmes le progrès, inspiré par le génie de l'athéisme, mènera nos futures générations. Par quels châtiments la miséricorde divine, si elle veut notre salut, nous fera-t-elle passer ? N'oublions pas, nous chrétiens, qui gardons le trésor de notre foi, que nous sommes solidaires des fautes de notre nation et des prévarications de tous.

Romain, disait dans ses beaux vers un des plus grands poètes latins, tu expies les crimes de tes pères, et ces crimes, tu ne les as pas commis !

« Delicta Majorum immeritus lues. ».
(Horace, *Odes.*)

Cette vérité dont l'égoïsme païen, en la proclamant, ne tirait aucun fruit, c'est à nous, chrétiens et Français, de la rendre féconde en fruits salutaires. Nous sommes les enfants des saints, et chacun d'eux semble nous dire comme saint Paul : « Enfants, imitez-moi, comme j'ai moi-même imité JÉSUS-CHRIST .»

Or, aux époques de cataclysmes sociaux ; sous la menace des flots montants de la barbarie, que faisaient les saints ? Ils se fai-

saient de plus en plus saints. C'est la
sainteté qui a transformé les barbares eux-
mêmes en éléments du monde chrétien.

Pour résister aux envahissements d'une
autre sorte de barbarie, faisons-nous de
plus en plus imitateurs des saints, et principalement de ceux que Dieu a suscités dans
notre chère patrie.

Nous possédons tous en nous-mêmes un
sanctuaire que nul décret de désaffectation
ne peut violer; honorons-y particulièrement
la sainte protectrice de notre grande cité
et de toute notre patrie. Mais rendons-lui
des honneurs pratiques en nous attachant
à marcher, fût-ce de loin, sur ses traces ;
offrons-lui des mœurs pures, des habitudes
chrétiennes, des œuvres de charité, de sacrifice, de générosité au service de Dieu et de
son Église.

Laissons de côté les inutiles spéculations
de la prudence humaine sur la grande crise
que traversent les sociétés modernes. Ce
n'est pas la main de l'homme qui corrigera
ou changera les déviations ou les matériaux

ruineux de l'immense édifice. Songeons seulement à nous tenir, comme simples moellons, à la disposition de celui qui construit comme il lui plaît et sur toute ruine.

Un grand homme, un amiral illustre, allait à la tête d'une escadre, livrer une bataille navale. Au moment où l'action, qui devait être décisive, allait s'engager, il réunit autour de lui tout son équipage « Messieurs, dit-il, ce que le pays attend de vous aujourd'hui, c'est que chacun fasse son devoir. »

Que ces simples et nobles paroles soient notre épilogue. Ce que l'Église et la France attendent de nous aujourd'hui, c'est que chacun fasse son devoir.

Et ce devoir, il nous est tracé, en quelque situation que nous nous trouvions, par les exemples que nous ont légués sainte Geneviève et tous les saints patrons de la France.

FIN.

Imprimé par la Société St-Augustin, Bruges.

www.ingramcontent.com/pod-product-compliance
Ingram Content Group UK Ltd.
Pitfield, Milton Keynes, MK11 3LW, UK
UKHW021114220726
13924UKWH00004B/1708